Terrazas y balcones floridos

COLECCIÓN FLORICULTURA Y JARDINERÍA

Anna Furlani Pedoja

TERRAZAS
Y BALCONES FLORIDOS

EDITORIAL DE VECCHI, S. A.

Proyecto gráfico de la cubierta: Studio G. M. di Marazzi G.

Fotografías de la cubierta y del interior de la autora

Dibujos de Antonina Taccori

Editorial De Vecchi, S. A.
Balmes, 247. 08006 BARCELONA
Depósito legal: B. 44.986-1995
ISBN: 84-315-1492-2

Prefacio

Entre las siete maravillas del mundo, se encontraban los jardines colgantes de Babilonia; la idea y el placer de divisar plantas y flores entre el cielo y la tierra no es, por tanto, una novedad.

Un rincón verde que brota en un desierto de cemento es un sueño que implica cierto aire mágico; es un edén de frescura y de paz donde la presencia de las flores es un acontecimiento de gran belleza y lleno de significados.

Crear un paraíso verde y florecido en un balcón o terraza es un desafío contra los elementos negativos que querrían impedírnoslo (contamina-

Una nube de flores, o bien un toque de vivacidad y color en un balcón de madera de una casa de montaña

ción, agentes atmosféricos dañinos, etc.) y hoy en día, utilizando los materiales modernos, más ligeros y resistentes, así como tierras adecuadas y los cuidados y abonos analizados científicamente, es posible cultivar plantas incluso en lugares con vientos fuertes, poca tierra, mucha sombra o sol abundante.

Lo importante es saber combinar entre sí todos los elementos de los que disponemos, reconocer la necesidad de los vegetales, sometidos frecuentemente a duras pruebas, tratando de integrar la

Terrazas ajardinadas en la Quinta Avenida de Nueva York

Las rejillas, parecidas a tabiques, dividen una gran terraza en varias «habitaciones» al aire libre

Un viejo balcón de hierro embellecido con vegetales y flores

estética, la funcionalidad y la exigencia de las plantas, sea una pequeña maceta de ciclo anual o una mata de gran tamaño, para obtener un espacio verde lo más parecido posible a la naturaleza. Un jardín nacido en un espacio abierto al vacío necesitará muchos complementos artificiales; su nacimiento, formación y crecimiento dependerán de nuestra imaginación y nuestros cuidados. En espacios pequeños podemos conseguir un efecto inmediato con poco esfuerzo: un pequeño árbol, alguna planta con flores, una trepadora, unas cuantas flores y habremos logrado un rincón encantador. Pero para que el encanto sea permanente, será preciso aprender a prevenir eventuales situaciones negativas con cuidado, pericia y amor.

En este libro, he tratado de incluir elementos útiles tanto para los expertos como para los principiantes. De este modo, todos juntos lograremos mantener vivo el medio natural que va perdiendo su lugar en nuestro mundo.

La fachada de un inmueble urbano donde el verde se ha convertido en una superficie vegetal

En las tablas en las que se clasifican plantas y flores, las siglas deben entenderse como sigue:

— A   = planta anual
— B   = bayas, drupas o falsos frutos
— Bc = bayas comestibles
— E   = planta de porte enano
— F   = follaje interesante
— H   = planta resistente al hielo
— Hp = herbácea perenne
— L   = crecimiento lento
— M   = planta resistente al clima marino
— P   = perfume
— Ru = rústico
— S   = de hoja perenne
— Sc = follaje semicaduco
— T   = trepadora
— V   = vigoroso
— ●   = exposición a la sombra
— ⊘   = exposición a medio sombra
— ○   = exposición a pleno sol

Los números que aparecen junto a los colores de las flores se refieren a los meses del año.

El espacio

Un pequeño balcón revive con unas estructuras de madera y vegetales podados en formas geométricas

La elección de las plantas y flores está condicionada de manera notable por el espacio —a menudo, reducido— de nuestro balcón, las dimensiones y número de los contenedores, la orientación —no siempre la más adecuada— y la escasa incidencia de la luz solar.

Trepadoras perennes, pequeños arbustos y flores anuales en contenedores de madera y barro cocido: un conjunto de materiales de efecto seguro

Por tanto, cada realización refleja siempre el carácter de quien la ha creado; los contrastes de llenos y vacíos o las composiciones de flores ponen de manifiesto la personalidad de su propietario; el interés del resultado será tanto más original y agradable cuanto mayor conciencia tengamos de que nuestro balcón o terraza debe seguir sus propias normas, y no copiar las del vecino, sino expresar el gusto y la sensibilidad de su creador.

Estos espacios sostenidos en el vacío, además de tener unas dimensiones variables, pueden ser cubiertos —cuando el techo sea lo bastante pronunciado y las paredes laterales lo permitan—, con lo que no recibirán agua o luz directa, o bien descubiertos, en el caso de que tengan la sufi-

El poco espacio disponible está ocupado completamente por flores: el resultado es alegre y fascinante

ciente humedad y luminosidad, puesto que están expuestos a la intemperie.

Hay otras características importantes que debemos tener en cuenta antes de instalar las plantas, que analizaremos en los próximos apartados.

La orientación

La mejor orientación es siempre hacia el este porque las plantas, especialmente las que son cultivadas en balcones y terrazas, sacan mejor provecho del sol de las primeras horas del día al recibir, además del calor, la luz reflejada en las paredes de la casa.

La orientación al sur es muy complicada: en los meses de julio y agosto los rayos solares son especialmente intensos y pueden llegar a quemar los tejidos vegetales, sobre todo si se trata de terrazas situadas en un plano elevado muy expuesto al viento.

Es preferible la orientación al oeste, especialmente en la ciudad: la menor cantidad de rayos solares se compensa con el calor que despiden las paredes, y la luz es más que suficiente.

La orientación al norte también puede ser correcta, siempre que el espacio elegido esté bien iluminado por luz directa y no esté tapado por las paredes.

El clima

La morfología y la configuración de nuestra península son muy variadas. No basta con hablar de zonas septentrionales, centrales y meridionales, puesto que se diferencian también en función de la humedad relativa del aire, la dirección y frecuencia de los vientos y las precipitaciones.

Las terrazas y balcones están más resguardados del rigor invernal que los espacios abiertos (como parques y jardines), y ofrecen un abrigo eficaz a las plantas. Por el contrario, padecen con mayor intensidad los vientos y las altas temperaturas estivales, ya que las paredes aumentan el calor acumulado.

Las zonas climáticas en las que se divide España deben tenerse en cuenta únicamente en los espacios abiertos, mientras que en el caso de los balcones y terrazas hay que considerar las variables de cada enclave; por tanto, en función de las temperaturas, evitaremos cultivar especies que no puedan soportar el frío o rachas de viento constante en invierno, así como las que sean vulnerables al sol intenso y los vientos secos en verano.

Para lograr una pared florida con el mínimo gasto basta con instalar en una jardinera un marco de madera o un arco de hierro del que colgaremos las enredaderas. Plantaremos Ipomea purpurea *que en poco tiempo se convertirá en una pared frondosa y florida. Al crecer, las plantas se enredan en las cuerdas colgantes, las tensan y trepan por ellas cubriéndolas con sus agradables tonos verdes*

Un espacio a la sombra poblado por una rica colección de Fucsie

Por lo tanto, debemos subrayar que el clima efectivo está determinado por la suma de varios factores: latitud, orientación y características arquitectónicas de cada balcón o terraza en concreto.

El destino

Además de la orientación y el clima, en la ornamentación vegetal de un balcón o una terraza, tendremos en cuenta el espacio, el destino y las características técnicas (incidencia de la luz del sol, número de kg por cada m^2, impermeabilización). El espacio no debe ser un problema, si bien debe ser analizado con atención: así, elegiremos las especies y complementos en función de la superficie disponible, utilizando matas, flores y contenedores en la medida justa para realizar, en los metros con los que contemos, un ambiente con fisonomía propia.

Así pues, antes de empezar el trabajo es preciso decidir cuál será el destino que le daremos, determinando su uso, modo y cantidad; esto influye en la elección de las plantas y las flores, las pérgolas y paredes verdes, así como de los ornamentos.

Si queremos aprovechar únicamente los meses de verano, plantaremos arbustos y flores que florezcan durante este período: una espléndida mata que florezca en primavera sería inútil, pues no podríamos disfrutarla; por contra, en los balcones y terrazas es aconsejable instalar cierta variedad vegetal, con floraciones escalonadas y la presencia de hojas perennes y bayas coloreadas para ganar cromatismo y vivacidad, incluso en invierno.

Los aspectos técnicos

Antes de pensar en la organización del espacio, analizaremos las características técnicas, en las que pondremos gran atención, puesto que son un factor muy importante.

Especialmente en las casas de nueva construcción, las grandes terrazas o los jardines colgantes tienen un pavimento acondicionado sobre un piso impermeabilizado que admite pesos notables; las terrazas de edificios más antiguos, al igual que los pequeños balcones adosados a sus fachadas, no siempre son capaces de aguantar el peso de gran cantidad de contenedores de tierra, parterres y pérgolas.

La casa constructora o el administrador de la finca nos podrán proporcionar información al respecto, de manera que, en función de la capacidad (kg m^2) de la estructura del balcón o terraza podremos calcular el tamaño de las macetas, jardineras o parterres, teniendo presente que la tierra húmeda aumenta considerablemente de peso, si bien actualmente existen tierras más ligeras para cultivar plantas en macetas.

Para una gran terraza rodeada por las paredes de la casa, en lugar de utilizar una sombrilla, instalaremos un moderno toldo. Fijaremos los tirantes de los muros y del exterior a una pieza de madera montada en la barandilla

Hoy en día es frecuente utilizar cestos que permiten cultivar diferentes tipos de matas suspendidas a media altura.

Los mejores resultados se obtienen empleando plantas de floración anual, de especies y variedades adecuadas a la orientación que le hemos asignado al cesto, elegidas entre las que pueden cultivarse en macetas pequeñas, ya que en el contenedor debe haber el espacio suficiente para las raíces y los compuestos.

Un cesto suspendido debe ser regado y abonado regularmente; así, podremos gozar del espectáculo del color vegetal durante cinco meses, como mínimo.

*Una composición solar contiene flores amarillas y anaranjadas (*Tagetes, Calceolaria rugosa *«Sunshine» y* Begonia pendula *de flores amarillas) ; el cesto tradicional se compone de flores de crecimiento matoso en la parte alta y plantas colgantes a lo largo de los bordes (*Lobelia Sapphire *azul,* Begonia sempreflorens *de flores blancas y follaje oscuro y* Verbena *«Sissinghurst» rosa intenso); un cesto a la sombra puede contener* Impatiens *de diversos colores y* Hedera helix elegantissima, *con pequeñas hojas moteadas de blanco.*

Estos cálculos pueden hacerlos fácilmente cualquier floricultor o comerciante de estructuras para plantas, como macetas, jardineras, porque generalmente, cada firma productora ya acompaña sus productos con una ficha que contiene los datos técnicos más importantes (cualidad, composición, peso, duración, etc.)

Una terraza grande puede alojar arbustos y flores para una decoración rica y variada en verdes y colores

El proyecto

Un espacio verde debe ser creado y formado gradualmente, siguiendo una línea ideal y un proyecto de partida, de manera que el resultado sea un rincón en el que podamos materializar la aspiración de belleza y la manifestación de nuestro amor por la naturaleza; en ningún caso debe ser una copia de los balcones espectaculares que aparecen en las revistas de decoración. No puede y no debe haber ningún espacio

Para una terraza interior, que reciba la luz cenital, una fresca fuentecilla, geranios e Impatiens

Sombras y flores en una gran terraza preparada para organizar reuniones de amigos

Espacios diminutos y ricas expresiones multicolores

En la fachada de una bella casa veneciana cuelga una cascada monocromática de geranios

verde creado por el hombre sin un proyecto de partida; de hecho, resulta fundamental coordinar atentamente la realidad y el deseo, los límites y la fantasía, antes de emprender cualquier realización, de modo que esta sea una composición agradable y armónica en todos los sentidos.

El estilo

Incluso en los pocos metros cuadrados de un balcón, o en la mayor superficie de una terraza, podemos componer una decoración verde con carácter y personalidad propias.
La armonía cromática y la justa proporción de verde, la organización del espacio libre o bien la yuxtaposición desordenada de plantas y flores son, todas ellas, expresiones de la personalidad de quien las cuida; de todos modos, en la base de

Sobria ornamentación de geranios

Una romántica decoración para un balconcito artísticamente elaborado

Arcos cerrados de plantas de hoja perenne y glícinas con efecto de seto para crear una intimidad perfecta

23

cualquier realización hay un proyecto, que procede de una idea general: su interpretación se deriva de la combinación de elementos vegetales e infraestructuras, que deben armonizarse entre sí y no desentonar con el estilo del inmueble.

La terraza o el balcón representan la extensión de nuestro espacio vital, por lo que debe ser su continuidad, incluso en el uso de los colores.

Es agradable tener en nuestra sala de estar amplias masas de flores que conjugan con los colores de los muebles; asimismo, es aconsejable elegir, para los exteriores del dormitorio, trepadoras y flores perfumadas de tonos suaves (a ser posible, armonizando con los colores de la colcha de la cama).

La sombrilla o el toldo (salvo que la disposición sea otra) suelen tener tonos neutros (el color crudo es el que mejor combina con todas las tintas, ya que no modifica con su reflejo los colores del interior de la habitación). Las estructuras (pérgolas, rejillas, etc.) serán de un material (madera, hierro, etc.) que concuerde con el ambiente exterior y el estilo de la casa.

Los muebles (mesas, sillas, banquetas, etc.) deben ser del mismo material, mientras que los cojines o telas serán sobrios para hacer juego con los colores de las flores.

Las macetas y contenedores son iguales entre sí tanto en la forma (con algunas excepciones) como en el material; aun así, pueden incluirse elementos de carácter, como una maceta de barro cocido que conjuga con todos los estilos, sea clásico, moderno, rústico, exótico, etc.

La linealidad, el orden y la simetría entre los contenedores ponen de relieve el aparente desorden de los vegetales; esto no significa alinear una serie de recipientes idénticos, como si se tratara de un ejército de soldaditos de plomo, sino que debemos combinar una gran maceta de color diferente con el resto para romper la monotonía, creando así una mancha de formas y colores agradables.

Geranios de tonalidades que van del rosa al rojo para un balcón de montaña expuesto al sol

Ciertas estructuras, obtenidas a base de rejillas y plantas trepadoras, pueden servir de pared vegetal para obtener diversas «habitaciones» o rincones escondidos. Estas paredes verdes pueden incluso sugerir, dispuestas convenientemente, aperturas o «ventanas ideales» a través de las cuales podamos encuadrar una vista hermosa o sugestivos escorzos panorámicos.

La elección de las especies vegetales también puede adecuarse al estilo de la casa: glicinas, hortensias e iris para la casa de estilo modernista; rosas trepadoras y *Hostas* variadas para los balcones de estilo ochocentista; flores de tonos vivos, *Hemerocallis,* rosas modernas en mazos y la *Canna indica* para las terrazas modernas.

Reglas generales

Cualquier gran terraza puede transformarse en un auténtico jardín, cualquier pequeño balcón puede ser un lugar de serena belleza, si bien para obtener el mejor resultado hay que seguir ciertas reglas fundamentales, que no deben ser menospreciadas, pero que cada cual puede interpretar a su manera y enriquecer con detalles personales:

— las terrazas y balcones son la proyección exterior del inmueble, por lo que deben tener su mismo estilo;

— cada espacio exterior tiene su característica personal; nunca debe ser la copia de otro, sino la expresión del estilo de su creador y de quien lo cuida.

Teniendo en cuenta las indicaciones relativas a las características térmicas en función del clima y la orientación (véase páginas 13-15), el proyecto debe comprender:

— un cerco verde para disimular los límites reales formados por las paredes o por vistas desagradables;

— diversas zonas, interdependientes, en función del espacio y las necesidades:

a) el rincón para comer al aire libre y para descansar, sombreado por una pérgola o una amplia sombrilla, con ornamentaciones de madera u otros materiales que hagan juego con el estilo de la casa;

b) el espacio reservado a los niños (con una caja con arena para los más pequeños, o una mesa de ping-pong para los mayores);

c) una zona de servicios (el mueble de las herramientas, el tendedero, etc.);

— la instalación técnica: la irrigación automática (esencial para el crecimiento de plantas y flores, así como para ahorrar tiempo y dinero) y la iluminación (que destaca los elementos vegetales, creando efectos sugestivos en las horas nocturnas);

Si la maceta es importante, basta con una pequeña planta para subrayar su estilo

— el uso de macetas, jardineras, contenedores de diversos tipos y parterres construidos con materiales y formas adecuadas según el estilo y la superficie de la terraza;

— una vegetación diferenciada, compuesta por arbustos (más o menos grandes en función del espacio) de hoja caduca y siempre verdes, herbáceas perennes y flores anuales, todo ello dispuesto en una línea de composición (espontánea o premeditada, según el propio gusto) para crear un ambiente interesante, un mosaico de colores y verde que variará con el cambio de las estaciones;

— una lección de la decoración verde que debe tener en cuenta la disponibilidad de tiempo que podamos dedicarle para su mantenimiento adecuado o para los cuidados extraordinarios. No debemos dejarnos embriagar por el entusiasmo que puede llevarnos a querer organizar espacios verdes muy complejos que requieran más tiempo y cuidados de los que estamos dispuestos a ofrecer: una vegetación descuidada se estropea rápidamente y puede arruinar todo nuestro trabajo, echando a perder el tiempo y el dinero que hemos invertido en su creación.

El planteamiento

En una gran terraza, una zona verde «al natural», es decir, un poco silvestre —donde se mezclen arbustos, plantas vivaces y flores anuales creando una única masa densa y coloreada—, tiene un aspecto fresco y vivaz, mientras que en un pequeño balcón puede causar una sensación de confusión y fatiga.

En este último caso, es más agradable e interesante tratar de realizar una composición que cumpla los principios del jardín *a la italiana:* un pequeño cercado modelado con la podadora escultórica. De este modo podemos emular for-

mas geométricas con las plantas típicas de seto (por ejemplo, *Buxus rotundifolia* y *Buxus pumila*, que admiten podas repetidas al menos dos veces al año y que podemos encontrar en las tiendas con formas esféricas y cónicas), aunque es un trabajo muy laborioso que exige experiencia y precisión, así como (en caso de formas complejas: animales, etc.) la utilización de estructuras de metal escondidas entre la vegetación, por ejemplo utilizando trepadoras de hojas perennes (*Hedera helix, Ficus repens,* etc.) que se enredan alrededor de las formas.

En un balcón de esta clase no deben faltar las flores anuales, para crear masas coloreadas y compactas, plantitas de agrios cultivadas en macetas de barro cocido y plantas aromáticas, como la lavanda o el romero.

Para finalizar con este apartado, deberían seguir este valioso consejo: ¡no hay que tener prisa! Este «pequeño jardín personal» hay que planteárselo como una tarea de futuro; lo mejor será contar con la ayuda de técnicos expertos, elegir los materiales con gran atención y ejecutar los cuidados con mucha calma y aplomo: el placer y la fascinación de cultivar flores se halla, a menudo, en buscar las mejores soluciones a través del tiempo.

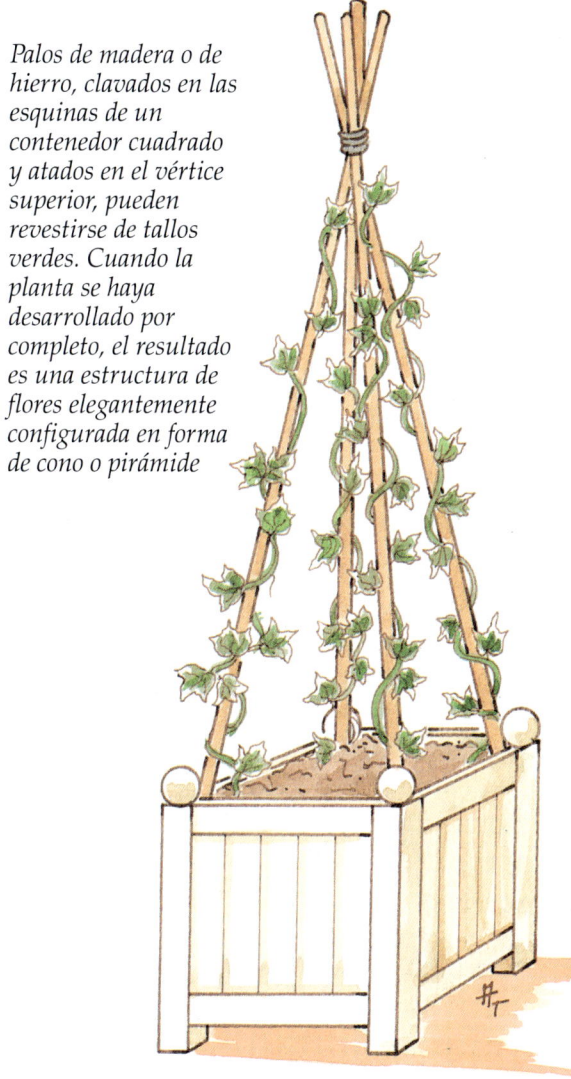

Palos de madera o de hierro, clavados en las esquinas de un contenedor cuadrado y atados en el vértice superior, pueden revestirse de tallos verdes. Cuando la planta se haya desarrollado por completo, el resultado es una estructura de flores elegantemente configurada en forma de cono o pirámide

La preparación

El sobrepeso es uno de los mayores problemas en la decoración con flores y plantas de balcones y terrazas. Por lo tanto, antes de proceder al proyecto de organización de las plantas en un balcón o terraza, es necesario calibrar la carga que el suelo está en condiciones de soportar.

Este dato es indispensable para los pequeños balcones adosados, es decir, formados por una o más repisas sostenidas en el vacío, sin apoyos exteriores. A menudo, es precisamente en los balcones más pequeños donde se concentran mayores pesos, puesto que al disponer de poco espacio queremos aprovechar al máximo hasta el último rincón, arriesgándonos a sobrepasar el peso que puede soportar la estructura; en este sentido, debemos calibrar no sólo el peso de los contenedores sino también el de los muebles y estructuras fijas: rejillas, pérgolas, paredes divisorias, parterres pequeños o grandes delimitados por plafones, etc.

Por lo tanto, es comprensible la importancia de disponer de la máxima documentación sobre la resistencia del suelo, para lo cual podemos consultar con un especialista que, según el espesor y otros elementos, nos indicará con bastante precisión los kg por m^2 que puede soportar el pavimento.

Sin embargo, es aconsejable instalar las cajas más grandes apoyadas contra las paredes de la habitación, pues el suelo resulta más resistente en proximidad a los tabiques que en el centro o hacia fuera, a menos que la terraza esté construida a lo largo de una serie de pilastras o de un muro.

Los contenedores

Las flores de alta montaña tienen tonos vivaces que armonizan con el color neutro de un balcón de montaña

Los contenedores, aunque estén construidos en materiales ligeros, tienen un peso propio al que hemos de sumar el de la tierra y el del agua. Por tanto, el peso depende también de las dimensiones de la maceta, cuya capacidad debe tener en cuenta los inconvenientes de la floración, como por ejemplo el riesgo de rotura al aumentar de volumen la tierra húmeda durante una helada.

Una terraza convertida en un jardín colgante: rosas y bozos plantados en grandes parterres rodeados por un cordón de matas

En la actualidad existen en el mercado contenedores construidos con materiales diversos: barro cocido, cemento ligero, cemento poroso, madera tratada con barnices especiales, plástico, fibra de vidrio, etc. Todos estos materiales tienen sus ventajas y sus inconvenientes, si bien pueden considerarse válidos en función de factores variables. En nuestra opinión, los mejores son los materiales porosos (barro cocido o madera impermeabilizada), incluso desde el punto de vista estético; de hecho, el color de la madera y del barro cocido hace juego tanto con el verde como con las flores y, además, la madera permite la construcción de jardineras de cualquier forma y tamaño, mientras que el barro tiene una larga y merecida tradición a sus espaldas.

Más allá del aspecto estético, la elección del contenedor debe realizarse en función de las plantas que debe alojar. Una maceta de capacidad limitada contendrá poca tierra, y en consecuencia pocas sustancias nutritivas, por lo que conserva-

Una rústica maceta de madera de forma cuadrada para acompañar el estilo de una fuente

rá durante menos tiempo la humedad y ofrecerá un escaso abrigo a las raíces, tanto del frío invernal como del calor estival. Las dimensiones de las macetas, cajas, jardineras y parterres deben ser lo más grande posible, tanto en longitud como en profundidad.

Las macetas o cestos suspendidos deben ser relativamente amplios, en función del punto de apoyo. Las dimensiones óptimas son de 30 cm de diámetro (en el caso de una maceta redonda) o de longitud (en el caso de una maceta cuadrada); esta medida nos permitirá una mayor manejabilidad.

Las cajas deben tener un mínimo de 20 cm, tanto de altura como de longitud; para las jardineras que alojarán arbustos y trepadoras no bajaremos de los 40-50 cm de ancho y profundidad, y 80-100 cm de longitud.

En resumen, las macetas y jardineras son así:

— las de plástico son ligeras y manejables, aunque el borde tiende a astillarse rápidamente;

Docenas de pequeñas macetas para crear un seto multicolor

Un gran contenedor en madera tratada para albergar un pequeño arbolito en un ambiente rústico

— las de madera son muy bonitas, pero caras; necesitan una atención constante (barnizado periódico) y deben colocarse a cierta altura para permitir la circulación del aire;
— las de barro cocido son muy pesadas y, a menudo, no tienen gran capacidad, aunque suelen ser muy decorativas;
— las de fibra de vidrio son muy ligeras, capaces y estéticamente aceptables, puesto que imitan el barro cocido;
— las de cemento poroso son resistentes pero no excesivamente elegantes.

Una terraza amplia y soleada de un ático transformado en jardín colgante con el uso de parterres instalados en contenedores de cemento

Cualquier recipiente con encanto puede servir de maceta: las flores le darán el toque final

Cuando el espacio del que dispongamos sea muy escaso o queramos disimular una pared o una vista desagradable, la solución ideal son los contenedores apilables. El cuidado de las plantas, en este caso, requiere de atenciones específicas, dado que la cantidad de tierra es limitada y las plantas están mucho más expuestas a los cambios bruscos de temperatura, pero el resultado, que a menudo es espectacular, compensa ampliamente todos los esfuerzos.

En caso que queramos colocar algunas cajas en un alféizar o sobre un parapeto de cemento amplio y plano, se recomienda tomar muchas precauciones; un fuerte temporal, un golpe de viento o, simplemente, un golpe involuntario, podrían hacer caer las macetas y las flores del balcón a la calle; para

Incluso en un jardín milanés pueden crecer cítricos. En los meses fríos deberán resguardarse en un pequeño invernadero creado al efecto

Muebles de madera lacada de blanco y una pavimentación interesante con adoquines para una terraza convertida en jardín

evitar este riesgo, hay que fijar cada contenedor con unos tornillos, apliques de metal o abrazaderas a la balaustrada de cemento o a la barandilla.

El concepto tradicional de balcón, en el que se acumulaban decenas de macetas de todas formas, colores y tamaños, ha pasado definitivamente a la historia; hoy en día se intenta componer un pequeño jardín con un único modelo de contenedor, de dimensiones idénticas o estudiadas de manera que den la impresión de ser una gran mata vegetal sin solución de continuidad. Aun así, podemos introducir cierta variedad con macetas decoradas de barro cocido o de cerámica esmaltada.

Una pared amueblada con una rejilla sobre la que alojaremos cajas de madera (o mejor, de plástico, que es más ligero) de diferentes tamaños, se convierte en un mini-jardín vertical. En los contenedores plantaremos flores anuales y pequeños arbustos de crecimiento colgante que lo adornarán y cubrirán

La elección de las estructuras: pérgolas, rejillas, luces, mobiliario

Austero o refinado, caótico y espontáneo o tradicional, cada terraza o balcón expresa el carácter de quien lo ha concebido y se encarga de su crecimiento.

Con independencia de la elección que hagamos, para obtener un buen resultado en la organización de nuestro rincón natural hay que plantearse un proyecto que incluya la valora-

Rejillas, madera, barro cocido y flores para un salón al aire libre

Dos grandes jardineras para lograr paredes y techos cubiertos de verde

Una gran terraza puede alojar una pérgola de hierro cubierta de trepadoras

ción de todas las exigencias prácticas y estéticas. Ante todo, deben tenerse en cuenta ciertos conceptos fundamentales en la composición para obtener una armonía de líneas y de colores, así como consideraciones técnicas (ángulos visuales, cercos, puntos de fuerza, etc.) y conocimiento del material vegetal que, una vez puestos en práctica, nos permitirán lograr excelentes resultados.

La elección de las pérgolas, rejillas y el mobiliario está relacionada tanto con el deseo de su propietario como con la localización, orientación y estilo de la habitación, según ya se ha indicado en los capítulos precedentes.

Podremos elegir entre distintos tipos de verde según el destino de cada rincón de la terraza, en función de si el espacio exterior está en comunicación con la sala de estar, el dormitorio, la cocina, etc. Lo mismo ocurre con las estructuras. La

La altura mínima de una pérgola es de 2,50 m, aunque conviene tener en cuenta que está en proporción con la altura de las ventanas que se asoman a la terraza, así como con las dimensiones de esta.

Un toldo puede servir para dar sombra en un balcón demasiado soleado

pérgola se utilizará junto a cocinas o salas de estar, lo que permitirá albergar una mesa para tertulias, puesto que amortigua la luz directa del sol y crea una agradable penumbra de la que gozarán nuestros invitados.

Para mantener cierto equilibrio, en las terrazas orientadas al sur y situadas sobre el techo del edificio —lugar en el que el sol incide durante todo el día y se produce un calentamiento considerable—, es aconsejable pintar las paredes con tonos medios y neutros para disminuir este efecto, revistiéndolas a continuación con rejillas de madera natural tratadas con barnices para exteriores.

Sobre las rejillas debemos disponer los sarmientos de las plantas trepadoras, que sufren con el frío y adoran la insolación directa *(Passiflora caerulea, Trachelospermum jasminoides),* cosa que les será beneficiosa.

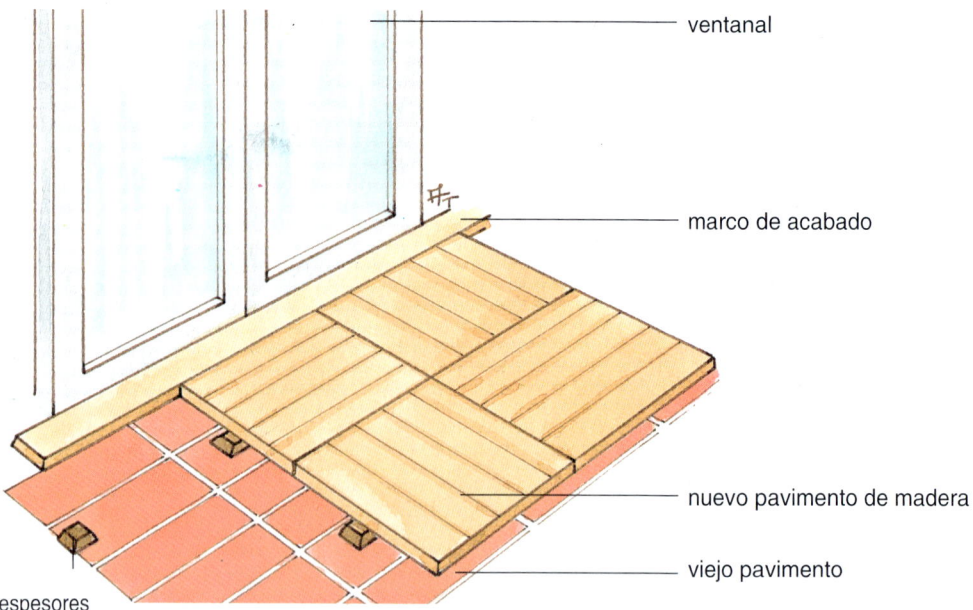

ventanal

marco de acabado

nuevo pavimento de madera

viejo pavimento

espesores

Por el contrario, para la orientación al norte debemos elegir rejillas lacadas en blanco y revestimientos en colores claros reavivados después con unas matas de follaje amarillo, verde claro o variado, y flores blancas o amarillas.

Si las pérgolas, rejillas y cortavientos modifican considerablemente las condiciones ambientales de una terraza expuesta al viento y al sol, mayor provecho obtendremos colocando un pavimento de madera sobre el existente (que suele ser de cerámica, arcilla o cemento).

Existen en el mercado baldosas de madera tratada con las que se pueden crear fácilmente nuevos pavimentos sobre la totalidad o una parte del suelo de la terraza. Esta cobertura de madera debe ser de pocos centímetros de espesor para dejar pasar el aire y el agua de la lluvia. La instalación vegetal se verá muy favorecida con este aislamiento térmico adicional.

Hasta ahora hemos hablado de las estructuras de madera, que pueden compararse a construcciones modernas o rústicas. En el caso de cajas de estilo, son más adecuadas las pérgolas de hierro colado, fijadas a la baranda y a la pared del edificio.

Para sustituir el viejo pavimento por otro de madera colocaremos unos espesores, a ser posible también de madera, sobre los que aplicaremos las tablas

Existen plantas que pueden mantener alejados a los insectos; entre las muchas que existen, se cuentan los geranios (hermosos para nosotros pero repelentes para ellos), las plantas de intenso aroma y ricas en aceites esenciales, como la menta y la lavanda, así como el Tagetes, *que ahuyenta incluso a los parásitos de las plantas de huerto. Bastará con plantar algunas matas junto a las judías, las hortalizas, etc.*

Estructuras de hierro galvanizado o plastificado desmontables para construir pérgolas, divisorias, tabiques, etc.

Una estructura tan bella y artística sólo puede cubrirse con cortinas de color crudo, para dejar así visible la obra de hierro. En este caso, el verde se relegará a la base y sólo permitiremos que una trepadora se destaque si cuenta con ramas muy ligeras, a condición de que se mantenga siempre bajo control y desbrozada (clemátides).

Mesa, sillas, banquetas, deben adaptarse al estilo y el material del resto de la estancia: madera con madera, hierro con hierro, etc., para evitar emular la típica terraza-catálogo en la que se acumulan todos los colores, formas y materiales. Muebles de bambú o de junco pueden hacer juego con cajas y ornamentos de diversos estilos. Antes de hacer la elección, debemos tener en cuenta cuáles son las necesidades de protección de las estructuras móviles cuando haga mal tiempo; las sillas, mesas y banquetas de madera o plástico suelen ser plegables, por lo que ocupan poco espacio. Los muebles de bambú o similares sólo pueden apilarse, mientras que los de hierro pueden permanecer a la intemperie; en primavera, podemos repintarlos para que se conserven en buenas condiciones.

Si hasta aquí hemos tratado estructuras para terrazas amplias, no hemos olvidado los balcones pequeños; también en estos espacios hay la necesidad de un cobijo del sol intenso o de una estructura para crear cierta intimidad.

Si para las paredes vale todo lo dicho respecto a las rejillas, que por otro lado ocupan poco espacio y pueden alojar mucho verde, para crear sombra puede bastar con una hermosa cortina (consultaremos al administrador sobre las reglas que rigen en este sentido en el inmueble) o con una sombrilla.

Actualmente, existen en el mercado sombrillas de todas los tamaños que ofrecen múltiples soluciones: la sombrilla con un dispositivo antiviento, la sombrilla instalada sobre una base fijada a una mesita o la que tiene el pie descentrado para dejar mayor espacio libre a la sombra. La elección se realizará en función del espacio y de las exigencias del propietario, aunque se recomienda respetar el estilo y los materiales del resto del mobiliario.

Un pequeño rellano que se prolonga más allá de la balaustrada del balcón se convierte en el fondo de la jardinera y en repisa auxiliar; debajo, una tabla abatible que sirve de mesa

Una zona reservada a la cocina al aire libre puede ser un buen complemento para un área de descanso. Debe estar amueblada con: superficie de trabajo, una pica, barbacoa y un pequeño armario donde guardar los utensilios de cocina y todo lo necesario.

Para dividir una terraza podemos utilizar una rejilla de cruceta y una serie de cajas con Impatiens a partir del modelo que muestra la fotografía

La iluminación de un espacio exterior se divide en dos categorías: funcional y decorativa. La funcional es la que simplemente nos permite ver, mientras que la decorativa proporciona además efectos mágicos. Las ramas desnudas de un arbolito de forma interesante (Corylus avellana contorta) o el pequeño espejo de agua de un recipiente, sabiamente iluminado, siempre son un elemento atractivo. La fuente de luz debe ser invisible para no atraer la mirada y, en los espacios pequeños, es mejor iluminar un punto concreto y dejar el resto en penumbra. Los complementos para la iluminación se pueden comprar en cualquier tienda; lo más importante es asegurarse de que son luces de exterior. Por otro lado, es obvio que necesitaremos una toma eléctrica en un lugar accesible. Hay también unas lámparas de petróleo o quinqués, así como antorchas, que pueden utilizarse con distintos resultados; con las velas repelentes podremos, además, ahuyentar a los insectos y mosquitos que se sientan atraídos por la luz y acudan en grandes grupos a revolotear a su alrededor. Es necesario tener mucho cuidado para que la llama no dé lugar a un rápido e inesperado incendio.

La elección del material verde

Balcones y terrazas con flores de colores y formas sugerentes y armoniosas, plantadas en macetas y contenedores de aspecto agradable y de material adecuado son el fruto de una inspiración original, de atentos cuidados y de un conocimiento profundo del mundo vegetal.

Para que el resultado sea satisfactorio hay que examinar, como ya se ha dicho en anteriores capítulos, la orientación y el microclima.

Una orientación a pleno sol, hacia el sur, sin abrigo o pantallas que generen sombra, acarrea altas temperaturas durante los meses de verano. Una orientación al este o al oeste se caracteriza por el sol matutino o de media tarde, lo que es más aceptable y favorable. La orientación sombreada (es decir, orientada completamente hacia el norte) o semi-sombreada es más fresca en verano pero demasiado fría en invierno.

Las orientaciones ventosas (jardines colgantes, terrazas o balcones abiertos) limitan las posibilidades de elección de las plantas a las que son especialmente resistentes, que tienen unas ramas robustas que no se rompen con facilidad.

Por el contrario, las orientaciones a cubierto del viento (balcones acristalados o terrazas cerradas lateralmente) son las menos frías durante los meses invernales, si bien en verano tienen el inconveniente de que las paredes de la casa acumulan el calor durante las horas de sol, prolongando así las horas de bochorno.

Si tenemos un contenedor grande, la Magnolia soulangeana *florecerá en marzo*

Todas estas consideraciones nos permiten clasificar la situación ambiental del espacio en cuestión; de estos datos se deriva entonces una elección más precisa y oportuna del material verde. Para hacer más vivaz e interesante la composición, es muy útil instalar jardineras que contengan especies diversas; las plantas y arbustos de mayor altura deben plantarse en la parte posterior, mientras que delante colocaremos las flores anuales y plantas de crecimiento

Entre las trepadoras las diversas variedades de Jasminum *pueden crecer incluso en contenedor*

colgante o en cintas. Es muy importante tener en cuenta la época de floración de cada elemento, de manera que podamos emparejar especies de ciclo diferente en cada jardinera y, así, tener una floración continuada durante gran parte del año.

Una jardinera bien preparada puede ser providencial para organizar un espacio cerrado entre paredes de cemento. La trama se realiza

con arbustos de hoja perenne y con arbustos de flores limitadas en el tiempo; el color lo ponen las flores estacionales (mastuerzos, lobelias, petunias, claveles de moro), que son muy generosas y coloreadas.

También las trepadoras deben ser seleccionadas y dispuestas de manera que podamos asegurar la presencia de flores o follaje de colores sugestivos en casi todas las estaciones, aprovechando sus condiciones de sombra y espesor.

El perfume es, por otro lado, un elemento fundamental para crear una atmósfera particular, sobre todo en las largas tardes de verano, durante las cuales podremos gozar de un espacio verde y apreciar las variaciones de luces y sombras.

Un pequeño recipiente con plantas acuáticas puede aportar un poco de color, vida y frescor.

La mimosa es un arbusto que se presta a cualquier colocación y florece en marzo

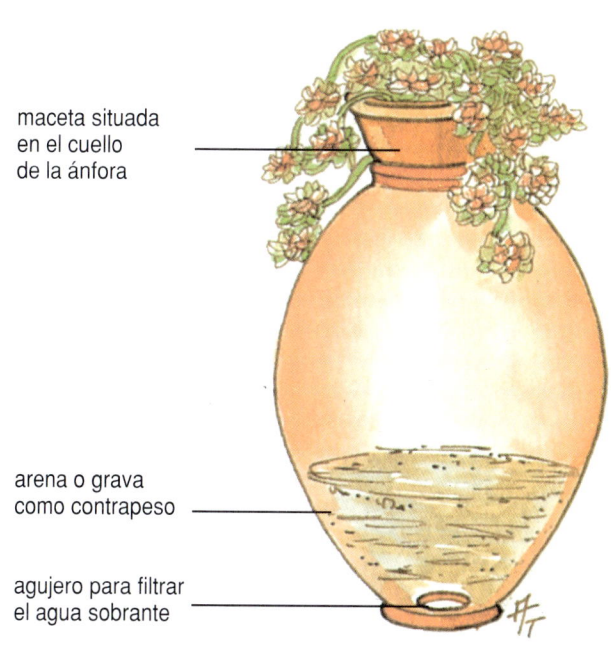

maceta situada
en el cuello
de la ánfora

arena o grava
como contrapeso

agujero para filtrar
el agua sobrante

*En lugar de plantar un arbusto directamente en una gran
ánfora (que podría romperse con el paso del tiempo) podemos
colocar en el cuello una maceta con el borde superior
ligeramente más grande para que quede suspendido. Para
equilibrar el peso, podemos llenar el fondo del ánfora (provista
de un agujero de salida) de arena o piedras*

*La Gazania es una planta
de origen sudafricano; tienen corolas multicolores
que pueden llenar de color
incluso las macetas de las
terrazas más modestas.
Buscan la luz y por ello los
capullos se abren cuando
reciben los rayos del sol, ce-
rrándose con el crepúsculo,
pero también una simple
nube puede provocar el
mismo efecto.*

49

Bulbos, rizomas y tubérculos

Los bulbos florecen entre febrero y noviembre y, si añadimos ejemplares de la *Amarylis*, los narcisos y tulipanes que florecen en Navidad y enero, tendremos el calendario completo.

El cultivo de las bulbosas es sencillo y ciertas variedades (narcisos y azafranes o crocos) pueden dejarse crecer de manera silvestre. En los parques y jardines, las especies y variedades usadas con este objeto son muy numerosas, si bien en terrazas y balcones pueden acarrear problemas de espacio. Por tanto, una vez se haya consumado la floración, debe extraerse cada bulbo para dejar sitio a otras flores. A favor de esta técnica puede decirse que la floración del primer año de cada bulbosa es siempre la más bella, ya que el bulbo ha sido concebido para ello. Los bulbos más fáciles de cultivar son los azafranes, los narcisos, los jacintos y los tulipanes; proceden mayoritariamente de Holanda y vale la pena elegirlos de primera calidad.

Las primeras flores que aparecen en enero son las bocanieve, a las que siguen escilas, crocos, jacintos, narcisos, tulipanes, anémonas, *Leuconium aestivum* e *Iris reticulata:* todas ellas deben plantarse en otoño. En primavera, prepararemos las que van a florecer de junio (*Begonia tuberhybrida*) a noviembre *(Nerina bowdenii).*

Las diversas especies y variedades deben elegirse en función de la época de floración, las tinturas predilectas y el espacio del que disponemos. Dado que, a menudo, cada variedad tiene unas características diferenciadas (por ejemplo, los tulipanes botánicos son más bajos que los de Darwin y ocupan, por ello, un lugar destacado en primera línea), es fundamental conocer el desarrollo de cada planta para poderla colocar de la manera correcta. Las bulbosas que florecen al principio de la primavera (bocanieve, azafrán y *Chionodoxa lucilliae*) tienen tallos muy cortos y flores de pequeño tamaño, por lo que deberán plan-

Una colección de Begonia **bulbosa pendula** *y* Fucsia *en una interesante colocación a la sombra*

tarse en primera línea en grupos de diez o quince, enterrando poco los bulbos en la tierra. A continuación, plantaremos los narcisos, de los que hay variedades de flores simples y dobles, precoces y tardías, con tallos que alcanzan los 35-40 cm o sólo los 15 cm. En abril y durante todo el mes de mayo podemos obtener fantasías coloreadas con tulipanes simples o dobles, botánicos, *Darwin* y *Papagallo* (una variedad con flores forradas de aspecto extravagante), con flores de azucena o incluso de *Fritillaria*, *Allium* y *Anemone;* la planta-

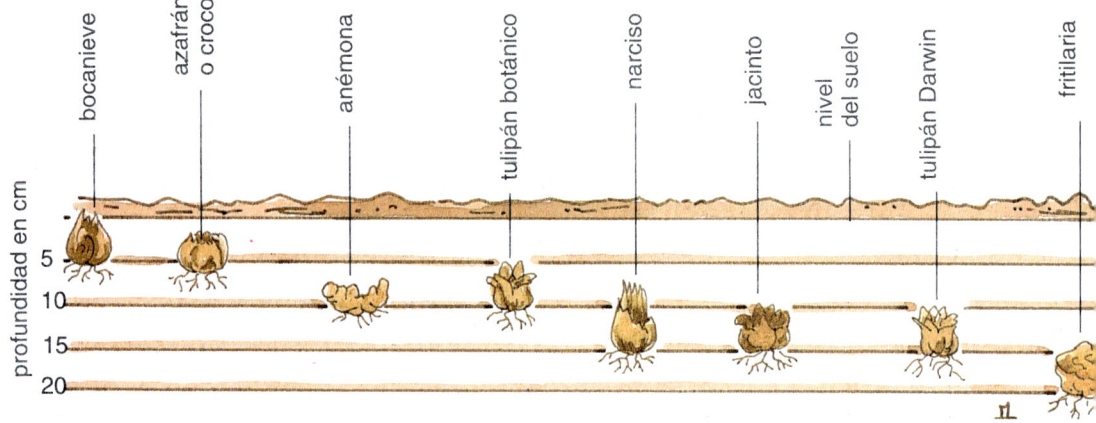

bocanieve · azafrán o croco · anémona · tulipán botánico · narciso · jacinto · nivel del suelo · tulipán Darwin · fritilaria

profundidad en cm

5
10
15
20

ción debe realizarse en masa, juntando los bulbos para que la flor obtenga un color más intenso.

Existen en el mercado unos cestitos de plástico y perfil bajo que pueden enterrarse en las jardineras y alojar varios bulbos, que luego cubriremos con tierra. Una vez haya concluido la floración, podemos desenterrar estas macetas y volver a utilizarlas en otra zona, si queremos recuperar los bulbos para que se regeneren.

Las bulbosas que florecen en verano y que crecen bien en macetas son las siguientes:

— en los meses de junio-julio: *Scilla campanulata, Eremurus, Lilium candidum, Lilium bulbiferum, Begonia tuberosa* y *Tritonia crocata;*
— en los meses de julio a noviembre: *Crocosmia masonorum, Canna indica, Anemone di Caen, Dahlia*, en la variedad enana, *Cyclamen neapolitanum* y *Nerina bowdenii*.

Por regla general, los bulbos, rizomas y tubérculos crecen en todo tipo de suelo, aunque no soportan las acumulaciones de agua y prefieren tierra de hojas, rica en humus y ligeramente ácida.

Cada bulbo, con raras excepciones, se entierra en función de su tamaño, a una profundidad proporcional a su diámetro y al doble de distancia de los demás

Las primeras dalias importadas de México fueron enviadas al Jardín Botánico de Madrid en 1789 como tubérculos comestibles. Sólo años después se difundieron en toda Europa como plantas ornamentales.

Las flores anuales

Hoy en día, la oferta de flores anuales que se adaptan a pequeños contenedores no se limita a las tradicionales flores de balcón, como geranios, begonias, tegetes o petunias.

En el mercado pueden encontrarse nuevas variedades que nos permitirán elegir entre muchas posibilidades interesantes.

Las flores de balcón —o de ciclo anual— provie-

Para una sencilla jardinera de madera: petunias y Calceolaria

nen en su mayor parte de las regiones tropicales o subtropicales; se agotan en uno o dos períodos vegetativos, y luego deben ser eliminadas.

Es conveniente saber que algunas variedades pueden sobrevivir incluso en invierno (*Impatiens, Begonia sempreflorens,* etc.) y volver a florecer en la siguiente estación, para lo que hay que tomar las debidas precauciones para proteger las plantas del frío. Las macetas deben almacenarse en un recinto muy iluminado y con una temperatura que no debe superar los 18-20 °C; deberán regarse regularmente, retrasando el suministro de abono durante un máximo de 30 días. A partir de marzo, se reanuda el suministro de abono cada 8 o 10 días y, cuando la temperatura lo permita, las macetas deben volverse a instalar al aire libre.

COMPOSICIÓN PARA CADA ESTACIÓN

Las flores primaverales permiten realizar unas composiciones espléndidas, de variados colores y en matas uniformes; algunas bulbosas (tulipanes, azafranes, narcisos) pueden combinarse con *Myosotis* y *Bellis perennis*, para obtener así una masa floral entre febrero (azafrán) y mayo. Para la primera solución, nos podemos dejar tentar por los miles de colores de la violeta del pensamiento; cada día aparecen nuevas variedades, muy resistentes y de precio ajustado.

Debemos elegir plantas de follaje sano y robusto, optando por aquellas que no hayan florecido todavía, puesto que nos darán satisfacción durante un período más largo. Para lograr una visión de conjunto agradable, es preferible cultivar el monocromatismo o la combinación de pocos colores; un exceso de colores diferentes puede ser poco elegante y desordenado.

En mayo, la jardinera debe ser completamente renovada con la plantación de *Salvia farinacea*, *Salvia superba* o *Salvia nemorosa* (todas ellas de flor azul) y *Calceolaria integrifolia* (amarillo intenso), que crecen lozanas a pleno sol. ·

Heliotropium arborescens (azul-violeta) y *Petunia surfinia* (fucsia) para una jardinera suspendida; las nuevas variedades de petunia pueden producir en pocos meses una mata de color rojo fucsia, mientras que la masa de las florescencias azul-violeta, con un perfume de vainilla, suele brotar en la zona superior.

La Portulaca *de grandes flores es una planta anual, de floración espesa, apreciada por sus flores muy coloreadas. Es ideal para el cultivo en maceta, ya que necesita poca tierra, poca agua y mucho sol. Requiere un terreno ligero, seco y arenoso, y la semilla se planta directamente durante el mes de abril. Sus enemigos son: el frío, la sombra y la humedad.*

*Macetas colgantes con flores
anuales (petunias) para
acentuar el efecto de una
pequeña marquesina*

En caso de sol intenso, podemos recurrir a las tagetes. En todas sus variedades, enanas o gigantes, de flores simples o dobles, de color amarillo vivo, anaranjado o con gradaciones del rojo al pardo. Existe una variedad *(Tagetes sarmentosa)* que puede llegar a los dos metros de altura y ser utilizada para crear aspilleras y disimular paredes.

El follaje tiene un olor acre que tiene la gran virtud de ahuyentar a los mosquitos y pequeños parásitos de las plantas.

Para las penumbras o semi-penumbras, la *Impatiens* es capaz de formar densos tapices de flores moteadas que florecen entre mayo y los primeros fríos. Es una elección personal preferir las masas floridas de un sólo color o bien la mezcla de variedades, que van del rojo al blanco, del fucsia al rosa pálido, así como la expresión de una sinfonía de colores variados.

Los híbridos de *Impatiends «Nueva Guinea»* presentan las flores más grandes y un follaje más oscuro.

Para las terrazas orientadas hacia el sur, muy soleadas, no hay que olvidar la *Portulaca grandiflora*, conocida con el nombre popular de porcelana; su característica más sorprendente es la sericidad de las corolas de tonos variados y brillantes: amarillo, naranja, rosa, rojo y blanco. Tiene un crecimiento bajo, hojas carnosas y las flores se abren únicamente cuando luce el sol; no adoran el agua y, por tanto, hay que regarlas con moderación. Conjugan muy bien con la *Gazania*, una flor originaria de Sudáfrica que tiene sus mismas exigencias.

Para las últimas semanas de verano y para el otoño, hay que destacar las tonalidades de las flores de la *Celosia argentea* en su variedad *vidriada*, de color muy agradable; la originalidad de la florescencia (su nombre vulgar es cresta de gallo), muy compacta (puede secarse y utilizarse para composiciones de flores prensadas), hace de ella una planta digna de atención.

A partir de septiembre, las jardineras alojarán *Calluna* y *Colchicum autumnalis* (una bulbosa); el color de las flores varía del blanco y el rosa al violeta oscuro, y las diferentes variedades florecen entre septiembre y diciembre.

Si tenemos que guardar las macetas y jardineras, es preferible utilizar dos especies elegidas con cuidado. Es fácil: no faltan los ejemplares vivaces y refinados

Para los balcones más soleados, un cazo de barro cocido y diferentes variedades de Sempervivens *pueden ser la mejor opción. Son especies muy conocidas, con hojas carnosas y resistentes, que forman alegres rosetas. Ciertas variedades tienen hojas de color púrpura oscura, y todas ellas son fáciles de cultivar. Al florecer son rosa-púrpura y pueden aprovecharse en invierno, cuando la terraza esté prácticamente desnuda.*

Para los meses de septiembre y octubre existe una amplia oferta de especies: con las flores grandes y pequeñas, con delicados tonos del rosa al violeta y que crecen fácilmente en cualquier orientación.

En noviembre y diciembre, la elección recae en las diferentes *Chrysanthemum indicum hybridum;* las más indicadas tienen flores pequeñas y forman densos tapices de color blanco puro, blanco rosado y una gama de tonalidades entre el oro y el bronce, del rojo al violeta. Se trata de una planta perenne que es considerada anual porque las floraciones de los años sucesivos son menos ricas.

Para el pleno invierno disponemos de muchas variedades de *Erica carnea;* soporta bien el frío y su follaje cobra en ciertos casos tonalidades de bronce o cobre. Florece entre diciembre y marzo y prefiere la orientación a media sombra.

Las herbáceas perennes y las matas

Además de las flores anuales y las bulbosas, las herbáceas perennes y las matas pueden constituir la trama sobre la que organizar después nuestra composición final del verde en una terraza o balcón de tamaño pequeño o mediano. Para mayores dimensiones, pueden utilizarse árboles de crecimiento controlado, siempre en proporción al espacio disponible.

LAS HERBÁCEAS PERENNES

Este tipo de plantas no tienen un follaje resistente a las heladas, por lo que, durante la estación fría, la parte aérea de la planta muere para regenerarse, gracias a que las raíces permanecen ocultas en la tierra esperando la vuelta de los meses cálidos.

Son plantas que pueden vivir varios años, aun-

Las verónicas ofrecen, además de un follaje persistente, una generosa floración hasta finales de verano. Tiene florescencias en espiga durante un amplio período, de color azul en las Hebe colensoi, Hebe pinguifolia «Pagei» *y la* Hebe subalpina, *y de color violeta en la* Hebe speciosa.

que necesitan, en caso de cultivarlas en una maceta, mayores cuidados y el uso de fertilizantes para acumular reservas y poder renacer en primavera. Cada dos o tres años, las cepas deben dividirse, momento en el que aprovecharemos para cambiar la tierra del contenedor.

Su floración es limitada en el tiempo, aunque a menudo su follaje tiene un aspecto muy bello (incluso más que las flores) y puede utilizarse para rellenar una jardinera, cubrir los bordes o servir como base para las flores anuales más

De agosto a noviembre, ninguna planta ofrece tantos tonos de colores como los septiembres. Eligiendo diversos híbridos, podemos obtener una floración más prolongada en los tonos del rosa claro al violeta oscuro.

Una terraza sólo para sus ojos: dos pequeños árboles, matas de flores y una pequeña porción de prado

ricas y coloreadas (caso de la *Hosta*). Se muestran especialmente hermosas si se plantan en grupos de tres o cinco (según el espacio disponible y el desarrollo de la planta); dado que cada planta, una vez se produce la maduración de las semillas tras la floración, tiende a reposar, es recomendable extraer los capullos desflorados antes de la maduración del ovario. De este modo, la planta no se esfuerza en producir semillas que no servirán para nada, y se mantiene más lozana y vital.

*Un cilindro construido con acero galvanizado sirve para hacer crecer las hierbas perennes de manera más compacta y erguida (*Peonia, Sedum, *etc.). Se coloca alrededor de la planta al principio del desarrollo orgánico, y en poco tiempo el crecimiento de la parte aérea esconderá la estructura y la masa vegetal y florecida aparecerá más ordenada; con este método, difícilmente se romperán los estelos*

LAS MATAS

Las matas y los arbustos suelen estar dotados de ramas leñosas, hoja caduca o perenne y tienen una floración limitada en el tiempo; a menudo, producen bayas o drupas que en los meses fríos destacan el verde del follaje o de las ramas desnudas, una vez se ha producido la maduración. Son una presencia muy importante en un balcón o terraza; deben elegirse en proporción al espacio del que disponemos, aunque su crecimiento se ve limitado por el tamaño de los contenedores. En general, soportan bien la poda de contención y necesitan la de rejuvenecimiento. La gama es amplia, las especies adecuadas son muchas y las variedades, innumerables. Como se ha señalado en los capítulos precedentes, la elección del color debe ser fruto de la valoración de elementos como la orientación, el clima y el espacio de terraza o balcón del que disponemos. Conociendo las características estéticas y culturales de las diversas especies, no nos será difícil hacer la mejor elección.

La Clematis «Keaper Violet», *una espléndida trepadora para una terraza en semi-penumbra*

El Plumbago capensis *es un arbusto de hoja perenne para climas templados que florece continuamente entre mayo y noviembre*

Las alcaparras con las que decoramos las pizzas son los brotes de una planta de flores blancas y vistosas, amantes del clima mediterráneo. Crece en las grietas de las paredes, a pleno sol y en ambientes áridos, aunque desgraciadamente no aguanta los trasplantes y las semillas germinan con dificultad; podría vivir en terrazas soleadas, aunque el problema consiste en conseguir ejemplares frondosos.

Además de la floración, normalmente reducida a 15-20 días al año, cada mata tiene un follaje característico, tanto en su tonalidad de verde como en su forma. La combinación de plantas y matas de verdes diversos con variedades, bien de hojas grandes y brillantes, de follaje recortado o de agujas de coníferas, nos permite crear un contraste de luces y sombras, de masas oscuras y claras, de vacíos y llenos que darán lugar a la composición que buscamos. A esta combinación de verdes y formas, llamada trama, añadiremos después las masas cromáticas de las flores anuales, como la culminación de una pequeña obra maestra.

Entre las plantas de hoja perenne no debemos olvidar las coníferas de crecimiento enano y estriado. No tienen flores, pero sus agujas de varias tonalidades (verde oscuro, verde guisante, verde azulado, verde dorado y rojo) crean efectos ópticos de gran belleza. Se combinan muy bien con todas las plantas o matas y, junto con las plantas de hoja perenne y las matas de bayas coloradas, enriquecen las jardineras incluso en invierno.

Una nevada nocturna transformará nuestra terraza en un bosque de fábula. Las pequeñas coníferas, las bayas de color rojo vivo que penden de las ramas desnudas, se cubrirán de una capa delgada de gotas heladas que relucirán cuando salga el sol.

LAS ROSAS

Cultivar rosas en el balcón para poder gozar de sus flores y su perfume es el sueño de todos, pero debemos tener cuidado cuando las compremos, puesto que debemos elegir la variedad adecuada y cultivarla en el lugar correcto.

Debemos saber que al desarrollo de la parte superior se corresponde un crecimiento análogo del aparato radical, por lo que si el contenedor es pequeño tendremos que elegir rosas de arbusto de crecimiento moderado o las «miniaturas».

La Camellia sasangua *es una flor adaptada a los meses fríos, ya que florece en otoño e invierno con un suave perfume, cuando los árboles ya están deshojados. Prefiere una orientación con sombra, suelo ácido, ligero y bien drenado, riego regular y constante, así como un fertilizante específico para acidófilas.*

Ciertas variedades de rosas modernas florecen sin interrupción entre mayo y las primeras heladas. En la foto, una Rosa sevillana

Un gran contenedor habilitado con una tela metálica permite que la rosa trepadora forme columnas floridas

Las variedades trepadoras, siempre de gran vigor con pocas excepciones *(Rosa rampichella)*, son muy difíciles de mantener con buena salud y aspecto alegre. Son, por tanto, desaconsejables, a menos que se disponga de unas macetas muy grandes y profundas, y podamos dedicarles cuidados constantes.

El clima veraniego español no es muy favorable para ellas; aunque adoran el sol, necesitan aire fresco y lluvias frecuentes, por lo que se ven obligadas a descansar durante los meses más calurosos (julio y agosto), perdiendo parte del follaje y suspendiendo la floración hasta volver a florecer en septiembre y octubre. Mientras que la rosa plantada en la tierra es una planta prácticamente autosuficiente (salvo

la poda primaveral o los tratamientos contra el moho y los parásitos), la cultivada en una terraza o balcón necesita cuidados especiales, ya que debe sufrir un clima extremo y no dispone de mucha tierra. Los elementos nutritivos presentes en el terreno los consume con rapidez, por lo que el rosal debe ser abonado con frecuencia, incluso durante el verano, con un fertilizante específico.

Es importante suministrarle agua constante, regándola incluso dos veces al día (mañana y tarde) cuando la maceta esté expuesta al sol. En las zonas montañosas o con heladas frecuentes, se deben proteger las raíces, dado que se congelan con facilidad.

En la elección de las variedades, descartaremos los híbridos de *Rosa tea* (que tienen una sola flor) pues producen pocas flores y forman una mata no demasiado agradable; las rosas antiguas, que florecen una sola vez en mayo-junio y necesitan un gran espacio; y las trepadoras más vigorosas, que no podrían desarrollarse como necesitan.

Una Rosa white Meilland. *Una buena tierra y un abono específico son el secreto para obtener bellas rosas*

La elección debe dirigirse hacia los rosales florecidos con aparato radical contenido; actualmente, existen en el mercado nuevas variedades que cumplen estos requisitos (*Rosa sevillana, Rosa whyte Meilland*, etc.) que se adaptan perfectamente al cultivo en un contenedor.

A menudo, se trata de variedades de ramas blandas que pueden llegar a ocultar la jardinera que la contiene con sus brazos floridos (*Rosa Sea foam, Rosa Tesorino, Rosa the Fairy*, etc.).

Los nuevos híbridos tienen floraciones continuadas desde mayo hasta los primeros hielos, un desarrollo contenido (y, por lo tanto, menos exigente), resistencia a las enfermedades y podas muy espaciadas en el tiempo; por todo ello, son las variedades ideales para cultivar en contenedores.

De todos modos, será preciso alojarlas en una caja amplia dotada de un buen drenaje y tierra

Para afianzar macetas y rejillas, debemos fijar la estructura a la jardinera con dos palos de sostén: las ramas de la planta se atarán a la pared no muy fuerte

palo de sostén

rejilla

fijar las ramas en varios puntos sin apretar

palo de sostén

universal con adición de arena. Le suministraremos un abono mineral (en función de las dimensiones del contenedor) con moderación, aumentando la dosis durante los meses calurosos, siguiendo las instrucciones que aparecen en el prospecto.

Las rosas suelen plantarse con las raíces desnudas en febrero-marzo, aunque actualmente pueden hallarse en el mercado diversas clases de contenedores que permiten trasplantarlas en cualquier estación, sin que se produzcan traumas para las raíces.

Las trepadoras

Las plantas trepadoras se prestan a los usos más diversos: sus flores, trenzadas en largos ramos de manera desordenada, forman paredes ver-

Una Wisteria sinensis alba *para iluminar una terraza rodeada de plantas*

Geranios, vid del Canadá y Bignonia *para alegrar la barandilla de una vieja casa*

des con las que podemos disimular una fachada, una estructura o, simplemente, «amueblar» una terraza o un balcón de manera que se convierta en una habitación exterior. Para obtener un verde homogéneo, debemos cubrir paredes y techos con rejillas de madera barnizadas para exterior, sobre las que dispondremos las trepadoras atándolas a las rejillas.

Además de esta función ornamental y decorativa, estos paneles verdes tienen también una utilidad práctica: de hecho, pueden atenuar el calentamiento de las paredes durante las horas de mayor insolación. En las horas más frescas, el calor almacenado vuelve a caldear el ambiente, con el consiguiente daño para las plantas que viven en la terraza. El revestimiento verde constituye una especie de pared aislante entre los ladrillos, el cemento y las plantas. El calor del sol incidirá de manera menos intensa y sólo dejará sentir sus efectos durante las horas de insolación.

Los ruidos procedentes del exterior retumban en las paredes normales, mientras que si las cubrimos con follaje se puede atenuar este efecto.

Este dato debemos tenerlo en cuenta cuando proyectemos un modelo de balcón o terraza que da a una calle con mucho tránsito.

Una rejilla, fijada a la barandilla hacia el exterior, nos asegurará además un poco de intimidad; las ramas de un sarmiento nos ayudarán a proteger de las miradas ajenas el espacio, siendo así más libre y confortable.

La elección de los contenedores en los que cultivaremos el sarmiento es de una gran importancia, puesto que deberán ser bastante grandes, en función del desarrollo futuro de la variedad que hemos elegido, dado que son plantas que necesitan una buena cantidad de terreno para crecer y reproducirse.

Si podemos plantar la trepadora directamente en la tierra, y sacar las ramas por el balcón, lograremos un crecimiento más rápido y una planta sana.

No debemos olvidar que las plantas sarmentosas necesitan, además de los cuidados habituales, ciertas atenciones específicas; en las plantas que carecen de raíces, las cuales facilitan su adherencia a la superficie por la que trepan, debemos atar las ramas con rafia, dejando el nudo más bien largo.

Hay que recordar que el tallo se desarrolla longitudinalmente, por lo que si el nudo estuviera demasiado fuerte podríamos causar el «estrangulamiento» de la planta en pocos meses.

El trasplante de un ejemplar ya cultivado durante cierto tiempo y que, por lo tanto, se halla adherido a la pared o a la pérgola, debe realizarse en pleno invierno, cuando la planta se encuentra en total reposo; podemos entonces proceder al trasplante sin mayores riesgos de perjudicar los tallos.

El Plumbago capensis *es una sarmentosa muy usada en los climas templados para cubrir barandillas, creando una auténtica cascada de flores azul celeste. El follaje es perenne, si bien la planta sufre con el frío. Al tratarse de una sarmentosa, es decir, una planta con tallos largos flexibles pero que no tienen una autonomía y no están dotados de órganos para sostenerse por sí mismos, necesitan ciertos apoyos para crecer en vertical o en horizontal. Las largas ramas deben ser atadas, apoyadas o conducidas a lo largo de una estructura de rejilla o similar, para poder así obtener paredes pespunteadas de pequeñas flores azul celeste en florescencia. Existe una variedad «Alba» de flores blancas.*

El abono y el riego deben ser siempre muy abundantes, dado el amplio desarrollo de la parte aérea de las trepadoras y la exposición al sol de una gran masa de hojas, lo que provoca un rápido proceso de evaporación.

estructura de hierro

Para formar una pared verde y florecida con poco gasto y poco trabajo, basta con fijar al muro de la terraza una estructura de hierro. Así, podremos tanto colgar las cajas como atar los tallos verdes que brotan de su interior. Crearemos entonces una pantalla verde fresca y blanda que nos dará cierta intimidad

Hay que tener cuidado con las plantas venenosas si entre los usuarios de los espacios ajardinados hay niños pequeños: la baya roja es irresistible, y una hoja brillante puede ser succionada en el curso de sus travesuras.

Entre las plantas venenosas que crecen con frecuencia en contenedores se encuentran: el oleandro (toda la planta), la Hydrangea macophylla *(hojas y brotes),* Taxus baccata *(ramas y semillas),* Hedera helix *(toda la planta y los frutos),* Prunus laurocerasus *(hojas),* Convallaria majalis *(toda la planta), etc.*

En La Ilíada, *Homero narra que Plutón, herido de muerte por Heracles, fue salvado por el médico Peón (de donde procede el nombre botánico de* Paeonía), *discípulo de Asclepio, con una cataplasma a base de hojas de peonía).*

Las plantas acuáticas

Existen ciertas variedades de nenúfares que crecen y florecen incluso en recipientes donde el agua alcanza los 10-15 cm de profundidad (*Nymphaea nana*) y algunas plantas flotantes que precisan únicamente 20 cm de agua limpia (*Eichhornia crassipes*), por lo que no es ningún problema realizar una composición de plantas acuáticas en un balcón de pequeñas dimensiones.

Un depósito prefabricado de polietileno de tamaño mediano o pequeño, expuesto a pleno sol, puede alojar algunas plantas acuáticas, así como algún pececillo rojo.

Hay que poner mucha atención en el borde del depósito, que puede construirse con madera impermeabilizada o bien con piedras y ladrillos, de acuerdo con el estilo de la terraza. Debe procurarse que el borde sea lo más bajo posible, para que así podamos divisar desde lejos el pequeño espejo de agua. Además de algunos nenúfares, no debe faltar una plantita con follaje que se levante por encima del nivel del agua (*Sparganium erectum, Sagittaria sagittifolia*) para dar énfasis al estanque. De ser posible, en la orilla cultivaremos plantas diferentes (como *Calla palustris, Iris kaempferi, Iris pseudacorus, Gaulteria procumbens* y *Cyperus papyrus*), así como variedades de *Astilbe, Asplenium nidus* (una variedad de helecho que dará un aire natural a la composición), *Hosta*, bambú enano (*Pleioblastus pygmaeus*) y un *Acer palmatum* «*Dissectum Atropurpureum*» para completar un paisaje lacustre.

Dado que el agua sufre, durante los meses de verano, una fuerte evaporación, es indispensable llenar el depósito con regularidad; debemos examinar también las raíces de las plantas, tratando de evitar que proliferen y ocupen todo el depósito.

Para obtener un efecto aún más agradable y de

Una terraza puede albergar también una pequeña fuente; el agradable murmullo del agua que brota crea un efecto de frescura y alegría. Existen en el mercado bombas de inmersión que permiten reutilizar el agua incluso en depósitos muy pequeños.

El agua crea efectos sugestivos. El pequeño estanque de piedra de este jardín es la solución más adecuada y ligera para una terraza

El viento puede afectar al chorro de la fuente, vaciando rápidamente un depósito que no cuente con el mecanismo que indique si está demasiado lleno o demasiado vacío.

fácil mantenimiento, podemos crear un pequeño chorrito que brote de la mitad de la fuente. En este caso, las plantas acuáticas (que normalmente prefieren el agua estancada) deberán retirarse, respetando en cambio el verde, que crecerá con mayor fuerza aún al aumentar la humedad ambiental. El murmullo del agua es muy agradable y proporciona una sensación de frescura inigualable.

La instalación de una fuente es muy simple: basta con comprar una pequeña bomba de inmersión, alimentada eléctricamente, que se debe montar en un dispositivo pensado para crear un juego de agua. Funciona con un voltaje reducido (12V/50 Hz) y puede utilizarse incluso en depósitos muy pequeños.

Terrazas y balcones a la sombra

En el caso de un espacio orientado al norte, no siempre resultará difícil el material verde. Es cierto que las plantas adoran el sol, pero también que muchas especies florecen bien a la sombra e incluso algunas toleran la penumbra total.

En casi todos los casos, las plantas de sombra tienen flores poco brillantes, aunque en compensación las formas y los tonos verdosos del follaje son dignos de admirar. Una composición de plantas bien equilibrada, que juegue con los diversos tonos de verde y con las formas de las hojas puede ser un «material» muy elegante e incluso más original en un espacio exterior a la sombra.

Por otro lado, existen plantas que se conforman con poco sol para florecer de manera espléndida: azaleas, hortensias, camelias y fucsias son las más conocidas, a las que podemos añadir las begoñas tuberculadas; *Paconia* y *Hosta* (la planta ideal para las terrazas y los perezosos, puesto que resistirá en la misma maceta durante más de diez años) de las que existen muchas variedades de colores diversos y con un follaje de gran valor ornamental.

Entre las plantas anuales se hallan los *Coleus*, que tiene unas flores de color entre verde guisante y rojo encendido, del ocre claro al marrón rojizo, así como los *Impatiens,* conocidos y apreciados desde los tiempos de la reina Victoria de Inglaterra.

Una sencilla maceta con Fucsia *e* Impatiens *para una zona a la sombra*

Entre las matas que soportan la poda, está el boj común, la *Viburnum tinus*, la *Lonicera*, el *Prunus laurocerasus*, el pitosforo y la *Mahonia*; a estas, podemos añadir: la *Skimmia japonica*, la *Bergenia* y algunas trepadoras (*Vinca major, Hydrangea petiolaris, Hedera helix* y el *Ficus repens*) que se pueden utilizar también como plantas colgantes.

No debemos olvidar las bulbosas que prefieren lugares a la sombra, como: las begoñas, los cicláminos, los muguetes, las escilas, el *Leuconium* (una pariente de la bocanieve que florece en junio) y los *Caladium* de hojas grandes y hermosas, de tonos delicados.

La reina de los espacios umbrosos es, sin duda, el helecho, aunque, como todas las plantas de

sombra o de media-sombra, prefiere el aire húmedo y un terreno fresco, húmedo y drenado. Estas son las condiciones para obtener un buen resultado incluso en terrazas y balcones umbrosos; aspersión frecuente de agua sobre las hojas, irrigación bien controlada y, para mantener un ambiente húmedo, se aconseja mojar el suelo del balcón, sobre todo en días veraniegos o con mucho viento. El calor del aire influye en la evaporación del agua, creando un microclima particularmente adecuado para esta clase de plantas.

En la tabla siguiente se citan los arbustos, trepadoras y herbáceas perennes que se adaptan mejor a la sombra; algunas se pueden usar también en otras situaciones, dado que son plantas muy versátiles que se adaptan a contextos muy diversos.

Hydrangea ortensis, *la hortensia más común, prefiere las zonas en semi-penumbra y aire húmedo. En un terreno ácido las flores son azules*

El aire fresco y a menudo húmedo de las zonas de montaña ayuda a crecer las flores

Bergenia cordifolia: *una planta que crece en cualquier orientación aunque prefiere una tierra ligera y bien drenada*

exposición	nombre botánico	dimensiones y diámetro en cm	color de la flor época de floración	características y notas específicas
● ⊘ ○	Acer japonicum «dissectum altropurpureum»	80 100	—	F rojo pardo hermoso incluso en otoño
● ⊘ ○	Acer japonicum palmatum «Crispii»	80 100	—	F interesante incluso en otoño
● ⊘	Astilbe diversas variedades	50/60 40	rosa, rojo, blanco/ 7-9	Hp
● ⊘ ○	Azalea mollis diversas variedades	60/80 40	amarillo, naranja, rojo 4-5	P
● ⊘	Azalea japonica diversas variedades	30/60 40	varios/4-5 4-5	S
● ⊘ ○	Bambú			
	Sasa pumila	30/40 30	—	ST variedad enana
	Sasa veitchii	30/40 30	—	ST F variedad enana
● ⊘ ○	Berberis candidula «enana»	25/30 30	amarillo/4	S F espinoso, colores otoñales
● ⊘ ○	Bergenia (saxifraga)	20/25 40	rosa, rojo/3-4	S
● ⊘ ○	Buxus pumila enana	40/50 30	—	S soporta la podadura
● ⊘ ○	Camellia japonica diversas variedades	150/180 80	varios/2-3-4	S
● ⊘ ○	Camellia sasanqua diversas variedades	120/150 60	varios/11-12-1	S P
● ⊘ ○	Chamaecyparis «obtusa gracilis aurea»	50/70 40	—	S conífera F amarillo
● ⊘ ○	Chamaecyparis «obtusa gracilis enana»	40/50 30	—	S conífera
⊘ ○	Convallaria majalis	15/20 10	blanco/3-5	bulbosa
● ⊘ ○	Cornus alba «elegantissima»	80/100 100	blancas insignificantes	tallo rojo vivo en invierno
● ⊘ ○	Cotoneaster dammeri diversas variedades	20/40 100	blanco/4-6	SPB rojo vivo T
●	Cyclamen neapolitanum	15/20 10	ciclámino/8-10	bulbosa
● ⊘	Helechos diversas variedades	50/60 50	—	F plumoso Hp
● ⊘	Ficus repens	300	—	S T
● ⊘ ○	Fuchsia magellanica diversas variedades	50/70 40	roja-rojo-violeta/6-9	teme la helada prolongada
● ⊘	Gardenia	50/70 50	blanco/6-8	S P teme la helada prolongada

ESPECIES ADECUADAS PARA TERRAZAS Y BALCONES A LA SOMBRA

ESPECIES ADECUADAS PARA TERRAZAS Y BALCONES A LA SOMBRA

exposición	nombre botánico	dimensiones y diámetro en cm	color de la flor época de floración	características y notas específicas
● ⊘ ○	Hedera helix diversas variedades	300/500	verde insignificante	S T
● ⊘	Hosta			
	«albo marginata»	30/60	violeta/5-8	Hp F borde blanco
	«críspula (fortunei)»	60/60	lila pálido/6	Hp F largo borde blanco
	«lancifolia»	45/60	lila/6	Hp F esilo verde oscuro
	«sieboldiana»	60/60	blanco/7	Hp F gris azulado
	«ventricosa»	60/60	lavanda/6	Hp F borde verde oscuro
● ⊘	Hydrangea hortensis	80/120 100	rosa, azul, violeta/6-7	florescencia globulosa
●	Hydrangea petiolaris	200/300 100	blanco/6	florescencia plana, ramas retorcidas
●	Hydrangea villosa	100/120 100	azul-lila/7	velludo, teme la sequía
● ⊘ ○	Hypericum calicinum	20/30 20	amarillo/7-8	S T Ru
● ⊘ ○	Ilex aquifolium	150/200 80	blanco/4	SF puntiagudo B rojo vivo
● ⊘	Juniperus chinensis «mint julep» «sabina tamarixifolia»	40/50 50	—	S conífera F verde medio-verde azul
● ⊘	Lonicera pileata	80 60	—	S soporta bien la poda
● ⊘ ○	Mahonia aquifolium	60/80 40	amarillo/3	SB azul-violeta F espinoso
● ⊘ ○	Osmanthus fragans	150/180 100	blanco/9	SP teme el frío intenso y prolongado
●	Pachysandra terminalis	20	blanco/5-6 10	S
● ⊘	Paeonia diversas variedades	60/80 40	varios/5-6	P Hp
● ⊘	Pierpis japonica «forest flame»	60/80 60	blanco crema/3-4	S F los brotes nuevos son rojos
● ⊘	Pinus mugo «pumillio»	60/70 60	—	S conífera
● ⊘ ○	Prunus laurocerasus «Otto Luyken»	80/100 60	blanco/4-5	S Ru soporta las podas
● ⊘ ○	Rhododendron diversas variedades	100/120 100	varios/4-5-6	S existen variedades enanas de flores pequeñas
● ⊘ ○	Skimmia japonica	80/100 60	blanco/4-5	S B rojo vivo
● ⊘	Tradescantia virginiana	30 40	blanco/6-7-8	S F variado, teme las heladas
● ⊘ ○	Viburnum tinus	100/150 80	blanco rosado/12-1-2	S B azul P teme las fuertes heladas
● ⊘	Viburnum davivii	40/50 40	blanco/4-5	S B azul

Terrazas y balcones al sol y en clima marino

No hay muchas plantas que crezcan y sobreviven en zonas expuestas al sol intenso o al viento del mar; en terrazas y balcones, estas dificultades se acentúan a causa de las condiciones extremas que se dan en estos espacios; aunque se encuentren al abrigo de los vientos constantes,

Una pequeña piscina para una gran terraza urbana, entre vegetales y flores

La pantalla verde compuesta por diversas variedades de arbusto oculta una zona de solarium del resto de la terraza

Un gran palco rodeado por las largas ramas de la Bougainvillea *en su variedad de flores roso-ciclámino*

Setos de pitósforo y Bougainvillea *para terrazas de zonas de clima templado y abocadas al mar*

el grado de salinidad del aire será, en cualquier caso, excesivo.

Para evitar esta difícil situación ambiental, deben crearse unas paredes verdes como cortavientos basándonos en especies que aporten aridez al aire: *Tamarix gallica, Elaeagnus angustifolia, Lagerstroemia indica, Nerium oleander,* etc., plantadas en grandes contenedores que, en este caso, son de madera tratada para exteriores, pues es un material que se ha comprobado que protege las raíces de un calentamiento excesivo.

Teniendo en cuenta sus características principales (follaje perenne, resistencia a la sequía, al viento

Las clemátidas prefieren recibir el sol sobre las ramas y tener las raíces a la sombra; para proteger estas últimas de los rayos solares, podemos usar dos métodos:

— *pasivo (formando una capa de materiales naturales: corteza de pino, agujas de pino, paja);*

— *activo (pequeños tapices vegetales con un aparato radical muy contenido, plantado al pie de la trepadora; las plantas de ciclo anual tienen raíces fasciculadas reducidas, por lo que no impiden el crecimiento del ejemplar.*

Para una terraza adosada a una colina y orientada al sur, una composición de plantas exóticas

La Lantara camara, originaria de India occidental, es un arbusto muy resistente a la brisa marina y al sol; se caracteriza por una exuberante floración que se inicia en verano y se aguanta hasta finales de otoño, con una bonita variedad de colores. Las flores presentan unos colores que van del blanco al amarillo, del rosa al violeta, del color salmón al terracota. Tiene la particularidad de dar flores de colores totalmente diferentes en una misma planta. Existe una variedad, la Nivea, con flores de color blanco puro, pero es difícil de encontrar en el mercado.

Se puede plantar en espacios abiertos, en la misma zona que los geranios, pero debe protegerse de ambientes aireados, fríos y excesivamente abiertos, donde los inviernos sean fríos, y las heladas prolongadas.

Plantada en el exterior en un clima no demasiado húmedo, le caerán las hojas, pero florecerá en primavera.

y al sol, floración estival abundante y de colores variados), podemos destacar una mata como el oleandro, que tiene un gran efecto decorativo y es capaz de crear un seto espeso, una verdadera tapia protectora de nuestra intimidad.

A su vez, un cortaviento vegetal puede reforzarse con una rejilla de madera tratada; a sus pies, podemos plantar jardineras, matas pequeñas, plantas vivaces y flores anuales.

Una rejilla adosada a la pared y recubierta de trepadoras puede crear un ambiente agradable, eliminar la reverberación del muro y dar una placentera sensación de frescura. Colocando

81

Cytisus praecox, *una planta que no teme al sol, el viento y el aire marino*

entre las trepadoras que forman la pared o cubren la pérgola un gesólmino, cuyas bellas flores y follaje despiden un delicado perfume, las tardes de verano serán deliciosas.

Lo que perjudica generalmente a las plantas de las localidades marineras es la sal que el viento transporta y deposita sobre las hojas; cuando la concentración salina es excesiva, los tejidos vegetales se queman (sobre todo los brotes jóvenes) y el crecimiento de las plantas se detiene o se hace más lento. Por tanto, es aconsejable regar frecuentemente las plantas con una regadera para eliminar esta sal. Esta operación debe realizarse durante la noche, cuando el follaje ya no recibe los rayos del sol, procurando no inundar los balcones de los vecinos ni empapar a los transeúntes.

En la tabla siguiente aparecen los nombres y las características de las matas, árboles pequeños y trepadoras que mejor se adaptan al sol intenso, al viento y al clima marino.

ESPECIES ADECUADAS PARA TERRAZAS Y BALCONES AL SOL Y CLIMA MARINO

exposición	nombre botánico	dimensiones y diámetro en cm	color de la flor época de floración	características y notas específicas
⊘ ○	Arbutus unedo	100/150 100	blanco crema/11-12	rojo anaranjado
○	Artemisia arborescens	50/80 50	amarillo/7-8	A
⊘ ○	Berberis thunbergii «atropurpurea enana»	20/40 30	amarillo/4	espinoso F rojo púrpura
⊘ ○	Berberis thunbergii «rose glow»	80/100 60	amarillo/4	espinoso F rojo púrpura y blanco
○	Bigonia radicans	500	naranja/7-8	T V
○	Bigonia tweediana	500	amarillo/7-8	S T
○	Bouvangillea glabra «sanderiana»	300	brazos púrpura/6-10	T existen muchas variedades
○	Callistemon citrinus	100/150 80	rojo vivo/6-7	S teme el hielo
⊘ ○	Cassia corymbosa	100/150 80	amarillo/7-8	S teme el hielo
⊘ ○	Cotoneaster dammeri «salicifolius»	30/50 60	blanco/5	SB rojo vivo existen muchas variedades
○	Cytisus scoparius	50/80	amarillo/5-6	Ru
⊘ ○	Erica carnea y Erica mediterranea	30/40 30	rosa, rojo, lila/12-5	Ru
⊘ ○	Erica multiflora	50/100 40	rosa, rojo, lila/6-10	Ru
⊘ ○	Escallonia	100/120 100	blanco, rosado, rosa, rojo/6-9	S teme el frío intenso y prolongado M
● ⊘ ○	Euonymus japonicum	60/80 40	—	S F diversas coloraciones, según la variedad, soporta la podadura
⊘ ○	Feijoa sellowiana	120/150 60	blanco-rojo/5-6	S F verde, teme el hielo
⊘ ○	Gazania splendens	10/20 30	tonalidad naranja/5-10	Ep, teme el hielo prolongado
⊘ ○	Hibiscus syriacus	100/120 60/80	varios/7-10	Ru
● ⊘ ○	Hypericum calicinum	20/30 20	amarillo vivo/6-8	S T F invernal rojizo
⊘ ○	Jasminum diversas variedades	300/400 100	blanco rojizo/6-9	P según variedad
⊘ ○	Jasminum nudiflorum	150/200 100	amarillo vivo/11-2	Ru v
⊘ ○	Lagerstroemia indica	200/250 100	rosa, rojo/7-9	M necesita poda

exposición	nombre botánico	dimensiones y diámetro en cm	color de la flor época de floración	características y notas específicas
⊘ ○	Lagerstroemia indica enana	50/100 50	rosa, rojo/7-9	M necesita poda
⊘ ○	Lantana camara	50/80 60	amarillo-rojo, blanco-violeta-naranja/6-11	Sc M teme el hielo
⊘ ○	Laurus nobilis	150/200 80	crema/3-4	S B negro A
⊘ ○	Lavandula spica	40/50 40	violeta/6-7	S F plateado P A
⊘ ○	Mahonia aquifolium	60/80 40	amarillo/3	S F puntiagudo B azul T
⊘ ○	Myrtus communis	100/150 60	blanco/6-8	S P Ru M B negro soporta la poda
⊘ ○	Nandina domestica	60/80 60	blanco rosado/7	S B rojo vivo teme el hielo F colorado según las estaciones
⊘ ○	Nerium oleander	100/120 100	varios/6-10	S M venenoso
⊘ ○	Passiflora quadrangularis	350/350 150	blanco-azul/6-7	P Ru Be naranja T
⊘ ○	Pittosporum tobira	100/150 80	blanco crema/5	S P soporta la poda M, existe una variedad enana
⊘ ○	Plumbago capensis «coerulea»	150/200 100	azul/5-10	S P teme el hielo T
⊘ ○	Prunus cerasifera pissardii «nigra»	100/150 80	rosado/3	F púrpura, negruzco Ru
⊘ ○	Punica granatum	100/150 80/100	rojo vivo/5-7	frutos comestibles
⊘ ○	Punica granatum «enana»	30/50 30	rojo vivo/5-7	pequeños frutos comestibles
⊘ ○	Rhamnus alaternus	100/150 100	verde/3-4	S B negro M
○	Rosmarinus officinalis	80/100 60	azul/2-3	S A M
⊘ ○	Salvia officialis	30/50 50	violeta/5-6	S A
⊘ ○	Santolina chamaecyparissus	20/30 20	amarillo/6-8	M A Hp
⊘ ○	Senecio Cineraria	40/60 40	amarillo/6-9	S F plateado M
⊘ ○	Solanum jasminoides	200/250 100	azul-lila/6-10	teme el viento y el hielo T
⊘ ○	Spartium junceum	80/100 50	amarillo/5-7	vaina oscura M
⊘ ○	Spiraea bumalda «A. Waterer»	80/100 80	rosa violeta/6-8	

ESPECIES ADECUADAS PARA TERRAZAS Y BALCONES AL SOL Y CLIMA MARINO

exposición	nombre botánico	dimensiones y diámetro en cm	color de la flor época de floración	características y notas específicas
∅ ○	Stachys lanata	20 20	fucsia/7-8	S T F gris-plateado con vello
∅ ○	Tamarix gallica	150/250 100	rosa/4-5	Ru M
∅ ○	Teucrium fruticans	60/80 60	azul/3-7	S M F plateado
∅ ○	Trachelospermum jaminoides	200/300 100	blanco/6-8	S P T sufre con el viento
∅ ○	Verbena peruviana y Verbena tierna	10/20 40	rojo y lila/6-9	T S teme las fuertes heladas
● ∅ ○	Viburnum tinus	100/150	blanco rosado/12-1-2	S B azul P soporta
○	Vitex agnus castus	100/150 100	lila oscuro/6-9	P B negro M
∅ ○	Weigelia hybrida	120/150 120	blanco, rosa, rojo/5-6	Ru

ESPECIES ADECUADAS PARA TERRAZAS Y BALCONES AL SOL Y CLIMA MARINO

Terrazas y balcones orientados al norte y de clima montañoso

Las fachadas de los edificios construidos a lo largo de la calle crean pasillos de viento que suelen generar grandes turbulencias. Cuando las paredes de las casas son altas, la calle es estrecha y el eje mayor está orientado frente a las corrientes dominantes, el fenómeno es todavía más intenso.

Los pisos superiores de los inmuebles padecen también las rachas de vientos procedentes de diversas direcciones, por lo que tendremos que neutralizarlos o reducirlos para lograr la supervivencia de flores y plantas.

La mejor solución es crear una cortina cortaviento colocada hacia el exterior de la terraza; esta, a su vez, cumplirá una función decorativa. Sin embargo, no debe tener un efecto total de pantalla, ya que así nuestro jardín no podría recibir la luz, el sol y la vista que necesitan. Además, en caso de convertirse en un obstáculo fijo, el aire podría formar turbulencias peligrosas que quedarían confinadas en el espacio cerrado y se perdería el efecto obtenido con el cortaviento. Es preferible construir dos paredes cortaviento: la primera, más exterior, estará formada por rejillas de malla larga —adornadas con matas, árboles pequeños de seto y trepadoras robustas, elegido todo ello en función del efecto estético deseado—, filtrando así el aire y atenuando las fuertes corrientes.

Una segunda pared de rejilla, colocada en el

La clemátida es una trepadora que no teme el frío del invierno, aunque la copa necesita los rayos del sol

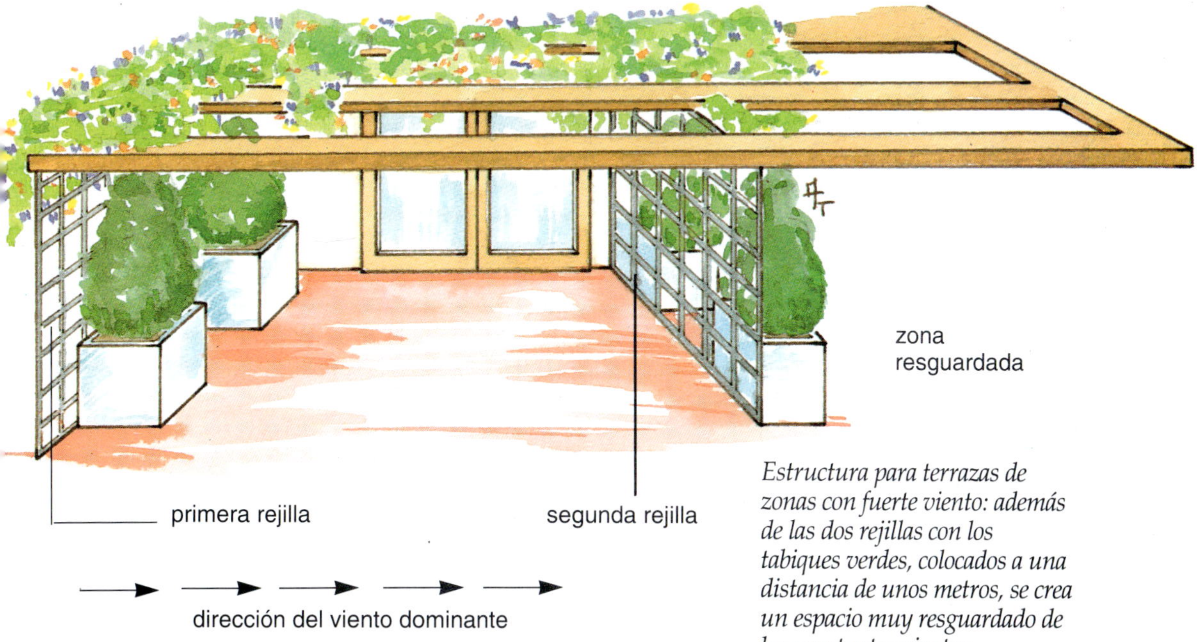

zona
resguardada

primera rejilla

segunda rejilla

dirección del viento dominante

Estructura para terrazas de zonas con fuerte viento: además de las dos rejillas con los tabiques verdes, colocados a una distancia de unos metros, se crea un espacio muy resguardado de los constantes vientos

Un balcón transformado en un mirador embellecido por geranios de tonos rosas y rojos

mismo eje a unos metros de distancia, reforzará considerablemente la protección y creará una zona privilegiada en la que podremos plantar las especies más delicadas y habilitar una zona de descanso.

Azaleas y rododendros pueden ser los protagonistas de terrazas y balcones en semi-penumbra y en localidades frescas

Paredes totalmente cubiertas de Parthenocissus quinquefolia, *que en otoño tiene colores pardo-rojizo*

No hay que hacer grandes malabarismos para lograr el resultado de la foto: combinar cuatro colores y diversas tonalidades de verde

La decoración floral de balcones de tipo rústico, en casas de montaña, consigue siempre sorprender por sus colores

El verde utilizado para crear estas barreras se encuentra, como es obvio, más expuesto a la intemperie, por lo que tendremos que elegir especies robustas que puedan soportar cambios bruscos de temperatura, la fuerte evaporación y una mayor exposición a la contaminación.

Las coníferas, como la *Thuya, Juniperus, Cupressus,* etc., no suelen soportar la contaminación atmosférica y, por lo tanto, es aconsejable utilizarlas únicamente donde esta no sea muy elevada. Allí donde la contaminación alcance niveles elevados, usaremos arbustos de hoja, caduca o perenne, que lavaremos de manera frecuente con chorritos de agua para permitir respirar a las hojas.

Si tenemos barandillas cerradas con placas de vidrio o de plexiglás, que dejan pasar la luz, las cortinas verdes podrán estar formadas por arbustos de dos alturas: la línea más alta es la que detendrá el aire, mientras que la más baja cumplirá una función puramente estética.

En la tabla siguiente se detalla el nombre botánico y las características de arbustos, árboles pe-

En los balcones que tienen un amplio borde exterior en la barandilla podemos colocar flores en la pared, disponiéndolas a lo largo de todo el perímetro con una placa metálica fijada al pavimento. Podemos añadir una segunda serie de jardineras sostenidas por la baranda, sostenida con fijaciones normales

exposición	nombre botánico	dimensiones y diámetro en cm	color de la flor época de floración	características y notas específicas
⊘ ○	Abelia floribunda	100/120 80	blanco rosado/7-10	Sc
⊘ ○	Actinidia kolomikta	200/250 100	—	F con punta roja
● ⊘ ○	Aucuba japonica «varillada»	100/150 100	blanco/5	S B rojo vivo
● ⊘ ○	Azalea japonica diversas variedades	30/60 50	varios/4-5	S quiere suelo fresco
● ⊘ ○	Azalea mollis diversas variedades	60/80 40	amarillo-naranja-rojo/ 4-5	P quiere suelo fresco
⊘ ○	Bambú diversas variedades	30/200 60	—	S suelo fresco
⊘ ○	Berberis darwinii	100 60	amarillo/4-5	S espinoso B azul
⊘ ○	Berberis thunbergii «atropurpurea»	100 60	amarillo/4-5	espinoso B rojo vivo F púrpura
⊘ ○	Bignonia radicans	300/350 150	rojo anaranjado/7-9	Ru V proliferante T
● ⊘ ○	Buxus sempervivens	100/120 40	—	S soporta la poda
● ⊘ ○	Camellia japonica diversas variedades	150/180 80	varios/2-3-4	S quiere suelo fresco H
● ⊘ ○	Camellia sasangua diversas variedades	120/180 60	varios/11-12-1	S quiere suelo fresco H
⊘ ○	Calycanthus praecox	200/250 100/150	amarillo crema/1-2	P
⊘ ○	Clematis montana «rubens»	200/250 100	rosa/6-9	Ru V H R
⊘ ○	Clematis diversos híbridos	200 80	varios colores/6-7	F delicado podas abundantes T
⊘ ○	Cornus alba «elegantissima»	80/100 100	blancos aunque insignificantes	tallo rojo vivo, en invierno, F varillado
⊘ ○	Cornus mas	180/280 100	amarillo/2-3	Bc rojo Ru
⊘ ○	Cornus stolonifera «flaviramea»	80/100 80	blancos aunque insignificantes	tallo amarillo vivo en invierno
⊘ ○	Corylus avellana «contorta»	100/130 120	amarillo vivo/ 2-3	Ru interesante en invierno
⊘ ○	Cotoneater dammeri	20/40 80/100	blanco/5	P S B rojo vivo
⊘ ○	Cotoneaster lactea	100/150 100	blanco/6	S B rojo en racimos
⊘ ○	Cotoneaster waterei cornubia	100/130 100	blanco/6	S B rojo vivo F con tonalidades rojizas

ESPECIES ADECUADAS PARA BALCONES AL NORTE Y DE CLIMA MONTAÑOSO

exposición	nombre botánico	dimensiones y diámetro en cm	color de la flor época de floración	características y notas específicas
⊘ ○	Crataegus oxyacantha	150/250 100	blanca/4	P espinoso B rojo
○	Cytisus scoparius	80/100 80	amarillo/5-6	Ru hay variedades de flor roja, naranja y púrpura
○	Elaeagnus pungens «maculata aurea»	100/150 80	—	S Ru espinoso
● ⊘ ○	Hedera helix diversas variedades	300/400 100	blanco crema	S Ru V H B negro parduzco T
○	Hibiscus syriacus	100/120 60/80	varios/7-10	Ru
● ○	Hydrangea hortensis	80/120 100	rosa-azul-violeta/6-7	florescencias globulosas
● ○	Hydrangea macrophylla «tricolor»	80/100 100	azul pálido/6-7	florescencias aplanadas en encaje
⊘ ○	Hydrangea paniculata	120/150 80	blanco rosado/7-8	también en arbusto
⊘ ○	Hydrangea petiolaris	130/150 80	blanco/6	ramas retorcidas T
⊘ ○	Hydrangea quercifolia	140/180 120	blanco/6	Ru las flores se tiñen de rojo en otoño
● ⊘ ○	Hypericum calycinum	20/30 20	amarillo/7-8	S Ru muy frondoso
● ⊘ ○	Hypericum moserianum «tricolor»	50/60 50	amarillo/7-10	S Ru F interesante
● ⊘ ○	Hypericum patulum Henryi	100/120 80	amarillo/7-8	S Ru
● ⊘ ○	Hylex aquifolium	150/200 80	blanco/4	H S hojas puntiagudas B rojo vivo
● ⊘ ○	Hylex aquifolium «variegatum»	120/150 80	blanco/4	S F varillado y puntiagudo L B
● ⊘ ○	Jasminum nudiflorum	120/150 100	amarillo vivo/11-2	Ru V H T
○	Lavanda officinalis	30/40 40	violeta/6-7	S F plateado P Ru A H
● ⊘ ○	Ligustrum japonicum	100/120 60	blanco/6	S P soporta las podas y la contaminación
● ⊘ ○	Lonicera diveras variedades	250/300 100	varios colores/7-9	P Ru V proliferante T
● ⊘ ○	Lonicera nitida	80/120 80	—	S F muy denso, soporta las podas
⊘ ○	Magnolia stellata	100/150 100	blanco/3-4	floración precoz y elegante
⊘ ○	Magnolia soulangeana	150/250 150	blanco-rosa-violeta/3-4	algunas flores también en verano

ESPECIES ADECUADAS PARA BALCONES AL NORTE Y DE CLIMA MONTAÑOSO

exposición	nombre botánico	dimensiones y diámetro en cm	color de la flor época de floración	características y notas específicas
● ∅ ○	Mahonia aquifolium	60/80 40	amarillo/3	S B azul-violeta F espinoso
∅ ○	Osmanthus fragrans	150/180 100	blanco/9	S P teme el frío intenso
∅ ○	Osmanthus fragrans «rubrus»	150/180 100	naranja/9	S P teme el frío intenso prolongado
∅ ○	Paeonia arborea	80/100 60	varios/4-5	—
● ∅ ○	Parthenocissus quinquefolia	300/500 150/200	insignificantes	T Ru V B azuladas H frondoso y F otoñal interesante
∅ ○	Photinia fraseri «Red Robin»	120/150 50	—	S F rojo en los nuevos brotes
● ○	Pieris japonica «forest flame»	60/80 60	blanco crema/3-4	S F rojo en los nuevos brotes
● ∅ ○	Pittosporum tobira	100/150 80	blanco crema/4-5	S P soporta las podas
∅ ○	Potentilla fruticosa	40/50 40	amarillo/6-8	existen diversas variedades
● ∅ ○	Prunus laurocerasus «Otto Luyken»	80/100 60	blanco/4-5	S Ru soporta las podas
∅ ○	Prunus persica diversas variedades	100/150 100	blanco-rosa-rojo/3-4	es el melocotonero de las flores
∅ ○	Prunus pisardii «nigra»	100/150 100	rosado/3	F púrpura-negruzco Ru H
∅ ○	Prunus sinensis	100/150 80	blanco/3	es el ciruelo ornamental
○	Rhododendron ferrugineum	30/40 40	rosa intenso/6-7	S sólo por la montaña H
∅ ○	Rhododendron diversas variedades	100/120 100	varios/4-5-6	S existen variedades enanas de flores pequeñas H
∅ ○	Rhyncospermum jasminoides	300/350 100	blanco/6-7	S P debe refugiarse del norte T
∅ ○	Ribes sanguineum	100/120 80	rojo vivo/4	Ru H
∅ ○	Rosa trepadora en ramos diversas variedades	200/250 100	varios colores/5-10	espinoso V H T
∅ ○	Salix reticulata	15/30 20	espigas amarillas/3	T para montaña H
● ∅ ○	Sambucus nigra	150/200 100	blanco/4-5	Ru Bc negro H

ESPECIES ADECUADAS PARA BALCONES AL NORTE Y DE CLIMA MONTAÑOSO

exposición	nombre botánico	dimensiones y diámetro en cm	color de la flor época de floración	características y notas específicas
○	Saxifraga diversas variedades	10/15 30	varios/3-8	S F suculento en roseta T H
⊘ ○	Simphoricarpos orbiculatus	100/120 80	blanco rosado/6	B rojo púrpura H
⊘ ○	Simphoricarpos albus «laevigatus»	100/120 80	blanco/6	B blanco leche H
● ⊘ ○	Skimmia japonica	80/100 60	blanco/4-5	S B rojo vivo
⊘ ○	Spiraea bumalda «A. Waterer»	80/100 80	rosa violáceo/6-8	existen diversas variedades de flores blancas y rosas
⊘ ○	Syringa vulgaris	150/250 100	blanco-rosa-violácea/4-5	Ru P G
⊘ ○	Viburnum opulus	150/200 100	blanco/5	Ru
○	Viburnum rhytidophyllum	150/200 100	blanco crema/5	S B rosa vivo Ru resiste la contaminación
● ⊘ ○	Viburnum tinus	100/150 80	blanco rosado/12-1-2	S P teme las fuertes heladas B azul
⊘ ○	Vinca major	200/250 50	azul intenso/6-7	S T existen variedades de F varillado
○	Weigelia Hybrida	120/150 120	blanco-rosa-rojo/5-6	V

queños, cortavientos y trepadoras adecuadas a las zonas climáticas del norte de España, zonas montañosas y similares, para cultivar en contenedores, balcones y terrazas. Se puede comprobar fácilmente que faltan especies muy conocidas y apreciadas (por ejemplo, la *Wisteria sinensis*), que por su crecimiento vigoroso no se deben cultivar en jardineras, por muy grandes que sean.

En el caso de las trepadoras, podemos obtener

Los **Impatiens,** *flores conocidas y apreciadas desde los tiempos de la reina Victoria de Inglaterra, florecen de forma intermitente desde abril hasta octubre-noviembre.*
Antes que lleguen los grandes fríos, deberá ser situada dentro de la casa y colocado en un ambiente luminoso; de esta forma, la planta continuará con las flores durante mucho tiempo.

revestimientos verdes y floridos de gran efecto, acompañando en balcones y terrazas los tallos de plantas cultivadas directamente en la tierra, en el jardín inferior.

Las clicinas, la vid de Canadá, el *Polygonum baldschuanicum*, todas ellas vigorosas trepadoras, son capaces de llegar hasta el piso superior y, si se canalizan convenientemente, producen un hermoso efecto estético. También debemos tener en cuenta que las medidas de la tabla (altura y diámetro) en lo que respecta al desarrollo de los arbustos son inferiores a los que obtendríamos con la misma especie plantada directamente en la tierra, dadas las limitaciones evidentes de los contenedores y el microclima diferente que se crea en un espacio cubierto, expuesto al viento, protegido por paredes, etc.

Terrazas y balcones orientados al sur y de clima mediterráneo acusado

Donde el sol es muy fuerte, la protección completa de una pérgola cubierta por trepadoras porporciona sombra y frescura incluso en pleno verano

Sobre una terraza meridional, la insolación y el calor son muy fuertes; por tanto, tendremos que recurrir a plantas exóticas o, en todo caso, resistentes a las altas temperaturas y al viento.
La elección es variada y la búsqueda de las diversas especies y variedades puede revelarse muy interesante.

La Bougainvillea *presenta, en sus diversas variedades, brotes de múltiples colores y de gran vistosidad*

Cephalocereus senilis, *una gruesa planta especialmente original para completar una colección variada e interesante*

Uno de los protagonistas de espacios orientados al sol y al viento: el oleandro

Bonita combinación de plantas exóticas, parecidas a esculturas, en una construcción moderna

Algunas plantas, como la *Aloe arborescens,* producen flores muy vivaces y vistosas; otras, como el *Phormium tricolor,* las producen espadiformes de color rosa o verde.

Un robusto seto de fondo, con función de cortaviento, puede prepararse con plantas de *Chamaerops humilis,* la palmera enana, la única palmera autóctona, conocida también como palmera de San Pedro.

La *Aloe ciliaris* es una sarmentosa que, al ser muy resistente al sol y a la aridez del aire, puede formar paredes verdes, apoyada contra un muro o en una rejilla, además de tener unas flores rojas en candelabro durante el invierno.

Thymus serpyllum y *Mesembryanthenum hybridum* deben tenerse en cuenta como óptimos materiales para crear tapices vegetales; *Senecio Cineraria,*

Mesembryanthemum hybridum *y* Carpobrotus edulis *son dos plantas de crecimiento estriado que pueden llegar a cubrir suelos áridos y resecos*

Echinocactus, Opuntia, Aloe, Cephalocereus senilis, *etc.,* *para una colección espinosa pero original*

Capparis spinosa y *Santolina* son pequeños arbustos con hojas de formas agradables y diversas que pueden resistir en cualquier terraza o balcón soleado.

En el momento de emprender un proyecto para estos climas, tendremos que considerar con atención la disponibilidad de agua para la irrigación del verde. Por tanto, será oportuno cultivar únicamente aquellas plantas que podamos regar con frecuencia, aun siendo especies apropiadas para zonas áridas.

Una parte de la terraza, habitada por plantas gruesas, puede transformar en un espacio exótico una solana inclemente.

Si la amplitud disponible lo permite, en lugar de utilizar varios contenedores que generarían cierta confusión, podemos delimitar un espacio con un muro bajo, creando así un parterre más o menos grande. Esparciremos también unas rocas sobre una base arenosa.

La composición de plantas suculentas debe realizarse con el mismo criterio con que prepararíamos un gran parterre; las diferentes especies y variedades deben enterrarse con la maceta en orden decreciente de altura. Los bordes de los contenedores en los que crecerán las plantas deben esconderse en la arena y algunos ejemplares frondosos (*Mesembryanthemum hybridum*) que, plantados aquí y allá, generarán en poco tiempo un prado verde punteado con sus vivaces flores, insinuándose entre piedras y plantas.

Esta colección suscita siempre un gran interés, curiosidad y, por qué no, cierta envidia.

La tabla siguiente expresa el nombre de diversas especies, particularmente resistentes al sol de la zona meridional de la península ibérica y las islas Canarias.

Para situaciones menos extremas, se puede tomar como referencia las plantas que aparecen en la tabla del capítulo «Terrazas y balcones al sol y de clima marino» (véase páginas 83-85).

PLANTAS SUCULENTAS	
familia	*nombre botánico*
Aizoaceae	Carpobrotus acinaformis Mesembryanthemum hybridum Mesembryanthemum cristallinum
Cactaceae	Mammillaria Echinocactus
Crassulaceae	Kalanchoe lammea Aeonium arboreum
Euphorbiaceae	Euphorbia obesa Euphorbia polycantha
Liliaceae	Aloe arborescens Aloe ciliaris (sarmentosa) Dasylirium longifolia Dasylirium variegata Yucca filamentosa Yucca gloriosa

ESPECIES ADECUADAS PARA TERRAZAS Y BALCONES AL SUR

exposición	nombre botánico	dimensiones y diámetro en cm	color de la flor época de floración	características y notas específicas
○	Alyssium maritimum	30/40 30	blanco, lila, violeta/6-7-8	Hp M
○	Bougainvillea glabra diversas variedades	150/200 100	violáceos/6-9	Sc T espinosa M
○	Capparis spinosa	50/70 40	blanco/5-6	S B M
○	Chamaerops humilis	100 50	blanco/5	S B amarillo M
○	Cistus monspeliensis (cisto marino)	60/70 50	blanco/5-6	S M
○	Cistus crispus	50/60 40	rojo oscuro/4-6	S A M
○	Elaeagnus angustifolia	80/120 80	blanco-amarillo/6-7	S espinoso B rojo P
○	Fabiana imbricata	100/120 60	blanco/4	S teme el frío
○	Genista aetnensis	100 50	amarillo/6-7	P B pardo M
⊘ ○	Nerium oleander	100/120 100	varios/6-10	S M venenoso
○	Passiflora quadrangularis	200/300 150	azul-blanco/6-7	P B y naranja T
○	Rosmarinus officinalis	80/100 60	azul/2-3	S A M
○	Salvia trilobata officinalis	50/60 50	azul violáceo/5-7	S F gris A
○	Santolina chamaecyparissus	20/30 20	amarillo/6-8	Hp A M
○	Senecio Cineraria	50/60 40	amarillo/6-9	S F plateado M
○	Thymus serpyllum	10/20	rosa/4-7	S A M T
	Thymus capitatus	15		
	Verbena officinalus	40/50	violeta-azul/6-9	S T

El rincón de las plantas aromáticas

La albahaca y el cebollino, la salvia y el romero, el tomillo y la mejorana, son las hierbas más conocidas en el arte culinario.

No debe sorprendernos, por lo tanto, que el cultivo de plantas hortícolas y aromáticas sea muy apreciado y esté muy extendido. Invitar a los amigos a una cena veraniega en la terraza y ofrecerles sus platos preferidos cocidos a la barbacoa y aro-

Las flores azul cielo del romero aparecen en marzo

Las hierbas aromáticas pueden secarse en invierno. Los mejores resultados se obtienen con el timo, romero, salvia y mejorana, que conservaremos en macetas oscuras de cierre hermético y tras haberlos secado a la sombra.

Una colección de plantas aromáticas de cocina y medicinales: una idea a reproducir en una terraza

Las espléndidas tonalidades de ciertas variedades de Heliotropium *han inspirado muchas obras de estilo modernista. El perfume es parecido a la vainilla*

Detalle de la flor del laurel, un árbol perennifolio cuyas hojas se utilizan en la cocina

matizados con las plantas que hemos cultivado allí mismo, o bien servirles un té frío con una hoja de menta acabada de coger, es una verdadera satisfacción para un «cultivador» de terrazas.

Todas las plantas aromáticas, tanto de ciclo anual (albahaca, perejil) como las perennes (romero, salvia, tomillo, menta, etc.) pueden comprarse en pequeños envases sin ninguna dificultad. Algunas jardinerías tienen en sus catálogos una categoría reservada a esta clase de plantas, e incluso podemos hallar especies nuevas de gran interés. Para las plantas aromáticas son válidos todos los criterios de elección y de tratamiento adoptados para las plantas ornamentales. El crecimiento, tanto en los meses de verano como en los de invierno, depende de las condiciones ambientales (casi todas las hierbas aromáticas adoran el sol), de los ritmos vegetales de cada especie y de los cuidados que les deparemos (riego regular, abono, etc.).

Muchas de estas especies tienen principios aromáticos cuya síntesis necesita sol y calor, por lo que el balcón ideal para ellas debe estar orientado al sur. Por otro lado, debemos poner mucha atención en el control de los parásitos, para servir en nuestra mesa un producto sano y apetitoso.

En la tabla siguiente aparece el nombre vulgar, la descripción y el uso de las hierbas más conocidas y utilizadas en la cocina. Hay unas docenas más, menos populares, que podrían figurar en una colección de hierbas aromáticas.

*Delicado contraste entre flores
cándidas y follaje verde claro de
una planta de rosas*

*En los grandes parterres elevados, las trepadoras y los pequeños árboles frutales aparecen rodeados
por una masa de tagetes (clavel de moro)de color amarillo solar*

PLANTAS AROMÁTICAS DE COCINA		
Nombre vulgar	*Características*	*Uso*
Albahaca	existen varias clases: de hoja pequeña, de hoja muy grande y de hoja roja	para aromatizar primeros y segundos platos, ensaladas o, restregándolo, para perfumar el ambiente
Borraja	tiene grandes hojas peludas y flores de color azul fuerte; se autoinsemina y prolifera con facilidad	las flores en las ensaladas para sorprender; las hojas son de pepino.
Manzanilla	crea grandes masas blanco-amarillas muy decorativas; se autoinsemina pero es de ciclo anual	se preparan infusiones tranquilizantes con los capullos floríferos
Hierbaluisa	las hojas son de limón, sufre con el frío; es una mata perenne que debe podarse en primavera	las hojas puestas a macerar en alcohol y azúcar producen un licor muy aromático
Coriandro	parecido al perejil, es anual, con flores blancas y olor peculiar	se utiliza frecuentemente en la cocina oriental; en nuestra cultura empleamos las semillas en algunos platos
Melisa	las hojas son de limón	las hojas, para tés y licores caseros; pierde el olor cuando se seca la hoja
Menta	se conocen al menos dos docenas de variedades; es proliferante y tiene unas hermosas espigas violáceas; prefiere los ambientes en semi-penumbra	es conocida la salsa para las carnes; se agrega a las ensaladas y al té frío. El té a la menta es delicioso
Orégano	tiene capullos violetas muy hermosos; prefiere los terrenos secos	es típico en la cocina mediterránea y en la pizza
Perejil	el rizado es muy decorativo	en la cocina es muy apreciado; únicamente está ausente de la repostería
Romero	necesita una gran maceta exclusivamente para él; tiene flores azules y formas densas; las variedades rastreras son muy delicadas; requiere pleno sol	es óptimo en la cocina, especialmente en los rustidos
Salvia	existen variedades para maceta de hoja roja, tricolor o pálida	utilísima para las carnes
Tomillo	existen centenares de variedades; prefiere el terreno seco y pobre	óptimo para aromatizar salsas, menestras y carnes; frotando las hojas perfuma el ambiente.

En el lugar de las flores anuales que ya han concluido su ciclo, podemos plantar a partir de septiembre las flores anuales por antonomasia: los crisantemos coreanos. Cultivados en contenedores, se ponen a la venta a finales del verano a punto de florecer y permanecen radiantes hasta las primeras heladas. Las flores tienen decenas de colores que permiten composiciones con otras plantas de mil maneras diferentes.

Las plantas frondosas no necesitan mucho suelo para crecer, ya que se alimentan a través de las minúsculas raíces; esto las hace indicadas para jardines colgantes, donde el peso es un elemento importante, y pueden sustituir perfectamente la alfombra herbácea que exige muchos cuidados (Hedera helix, Sedum, etcétera).

Crisantemos coreanos

Los colores
para los doce meses:
follaje, cortezas, bayas

La idea de la primavera siempre nos levanta el ánimo, pues las ramas de los árboles se cubren de verde, se abren las primeras flores de temporada y tenemos la sensación de que la vida nace de nuevo. El verano representa el momento de culminación de la naturaleza; todos los trabajos hechos hasta entonces reciben el premio de las floraciones y los frutos maduros. Cuando, con

Las ramas de la Pyracantha *se inflaman de color rojo anaranjado en el mes de septiembre. Los pequeños frutos son muy codiciados por los pájaros*

Las intensas coloraciones otoñales de las hojas del Parthenocissus *son un espléndido ornamento para la terraza*

la llegada de los primeros fríos, se alargan las horas de sombra, las hojas brillan con los colores apagados del otoño y podemos percibir en el aire una vaga sensación de desasosiego, si bien los parterres resplandecen todavía con colores cálidos e intensos y muchas matas muestran sus bayas coloreadas. Tras la actividad frenética de los meses anteriores, el invierno representa la calma y el reposo; los árboles desnudos, los colores apagados, la tierra despojada, aunque la fascinación de la escarcha sobre las pocas hojas supervivientes posee una cierta poesía.

En resumen, estas son las estaciones que marcan el paisaje natural, y lo mismo ocurre en balcones y terrazas, aunque a pequeña escala y con un impacto visual menor.

Todo espacio vegetal debe proyectarse pensando en la belleza de cada una de las estaciones del año; si bien es cierto que es más fácil obtener resultados sorprendentes en primavera y verano, también el invierno puede ser un período vegetal interesante.

El follaje

Teniendo en cuenta las reglas relativas a la orientación, el viento, las dimensiones, etc., que hemos señalado en los capítulos anteriores, la elección del material verde debe estar compuesto por algunas plantas perennes y coníferas enanas. De este modo, lograremos una masa apretada y dotada de tonalidades verdes incluso en

Racimos de bayas azul oscuro que destacan sobre el follaje de la Ampelopsis

invierno *(Chamaecyparis obtusa nana, Juniperus prostrata glauca)*.

Las perennes sirven de decoración permanente, mientras a su alrededor se suceden las estaciones; florecen los capullos de las bulbosas en primavera, estas son sustituidas por las anuales de floración estival que, en otoño, cederán el sitio a los colores cálidos de los crisantemos.

Los arbustos florecen, maduran las semillas, las bayas, las drupas o falsos frutos, sus hojas se colorean de las tinturas del otoño para perderlas cuando entran en letargo. Las perennes continúan cumpliendo su función decorativa, reavivando y manteniendo el interés de nuestros balcones y terrazas *(Choisya ternata, Aazalea, Osmanthus)*.

Las diversas tonalidades de verde de las hojas

más anchas y las formas variadas de las hojas de los arbustos permiten composiciones que conjugan las diferentes impresiones visuales que proporciona su follaje lúcido y liso, o bien el opaco y estriado *(Acer japonicum laciniato, Cotinus cogoyoria)*.

Hay follajes de tonalidades diferentes, como el blanco, el crema, el rosa y el rojo; todos ellos, combinados con ingenio, pueden formar masas muy vivaces aunque carezcan de flores *(Cornus controversa, Hosta albo marginata)*.

En otoño, estas mismas plantas, cuando la sucesión de los días cálidos y las noches frescas estimula la producción de los pigmentos coloreados de las hojas, nos ofrecen intensas tintas flameantes; además, cada año varía la intensidad de color de las hojas, en función del tiempo y las evoluciones climáticas.

Las matas de Rosa rugosa *son espectaculares cuando las bayas rojo-anaranjado se acompañan de las coloraciones otoñales del follaje*

Al final del otoño, las frutos maduros reavivan el verde de las largas ramas de la Passiflora edulis

Las bayas

La producción de frutos y semillas es una de las principales características del ambiente natural y, en otoño, se asiste a su maduración, que comporta un revestimiento coloreado. La presencia de bayas, drupas o falsos frutos prolonga el período cromático de nuestras macetas y jardineras.

Las especies que producen bayas decorativas no son muchas, y algunas pueden ser cultivadas perfectamente en una maceta (*Partjenocissus quinquefolia:* azul; *Berberis:* anaranjado-rojo; *Cornus mas:* rojo; *Cotoneaster:* rojo vivo; *Mahonia:* azul-violeta; *Skimmia japonica:* rojo vivo; *Ilez aquifolium:* rojo).

Algunas bayas son comestibles y los pájaros las picotean; la *Pyracantha* produce mechones orna-

Para iluminar las cortas jornadas de noviembre, nada mejor que los colores vivos e intensos de los crisantemos coreanos

mentales que, por su propia abundancia, son uno de los reclamos más llamativos y, durante la maduración, se convierten en un plato codiciado por los granívoros. Su presencia alegra los balcones más solitarios.

Con los primeros fríos, los arces adquieren coloraciones increíbles; auténticas fuentes de luz, del amarillo vivo al rojo

Las cortezas

El color y la estructura de las ramas y de las cortezas de algunos arbustos de hoja caduca, así como el contraste entre las cortezas y las yemas, constituyen el encanto del jardín en invierno. El *Cornus alba* tiene una corteza de color rojo vivo de gran efecto, mientras que el *Cornus stolonifera flaviramea* tiene ramas amarillas. La corteza del *Luma apiculata,* un mirto originario de Chile, es rojo-naranja y se escama de manera regular y agradable a la vista. Algunas variedades de *Prunun serrula* (cerezo japonés de flores) tienen un revestimiento con ramas estriadas lúcidas y opacas.

Además de las diversas coloraciones, también las matas con ramas retorcidas tienen un notable impacto estético en el conjunto del mobiliario vegetal. Entre las más conocidas, está el *Corylus avellana contorta*, que suele ser más atractiva en invierno cuando se cubre de hojas, y la *Hydrangea petiolaris* (hortensia trepadora), cuyos tallos se agarran a las paredes y rejillas como reptiles serpenteantes.

Podemos concluir diciendo que en cada momento del año hay una especie verde interesante, llena de color y novedad, a condición de que el proyecto inicial haya contemplado una estructura vegetal formada por plantas perennes, coníferas, flores de floración escalonada, especies con follajes de formas y coloraciones variadas, variedades con flores perfumadas y bayas. El conjunto, armónicamente equilibrado, será una composición proporcionada y variada.

Una estructura en forma de esfera, obtenida a partir del trabajo del hierro galvanizado, ensamblado y fijado en el terreno de una jardinera cuadrada, nos permite obtener una bola verde, cubriendo la estructura con los tallos de una hiedra

117

La Fucsia *toma su nombre del botánico Leonardo Fuchs, un alemán que vivió durante el siglo* XVI *y que creó un célebre herbario.*

Entre las diversas variedades, encontramos pequeños arbustos o grandes árboles, erguidos o colgantes; los colores de los innumerables «cultivos» son muy variables, dentro de la gama que va del blanco al violeta, pasando por todas las tonalidades del rosa, el rojo y el fucsia.

A menudo, las ramas jóvenes y las nerviosidades centrales de las hojas son de color rojo vivo, añadiendo mayor interés a la mata.

Es una planta rústica que requiere ser acondicionada en una zona en semi-penumbra durante el período estival, y en tierra ligera con un buen drenaje, ya que, aunque ama el terreno fresco, no soporta la acumulación de agua.

Cada planta debe ser podada en primavera y la tendencia colgante de las ramas jóvenes y de las flores la convierte en una flor óptima para macetas y cestos elevados.

Calendario anual de los trabajos y las floraciones

La gran variedad de la naturaleza se manifiesta con la puntual alternancia de las estaciones

LOS TRABAJOS

- Hace mucho frío, aunque los días empiezan a ser más largos;
- en caso de nevada, retiraremos la nieve de las ramas para que no se rompan y la amontonaremos alrededor de la maceta, como protección contra el hielo;
- si disponemos de un estanque con peces, tendremos que vigilar la superficie helada, que puede fragmentarse por varios puntos;
- controlar la protección invernal y asegurarse de que las estructuras y apliques están bien fijados.

LAS FLORES

En el rincón más escondido florecen los eléboros, el calicanto de invierno luce también sus flores y baña el ambiente con su perfume, mientras que las largas florescencias masculinas del avellano se balancean en el aire. También florecen la *Hamamelis, Jasminum nudiflorum,* la bocanieve, *Viburnum tinus* y el brezo.

LA SORPRESA

La escarcha matutina crea efectos sugestivos en las ramas desnudas, que parecen nubes de plata.

Enero: los azafranes han florecido y la primavera no está lejos

LOS TRABAJOS

- Los días se alargan y, si no hay expectativas de fuertes heladas, podemos regar las plantas con cuidado; la tierra de las jardineras, que contienen arbustos y flores, no debe secarse completamente; aunque estén en letargo, las plantas necesitan un mínimo de humedad;
- empezar la poda de los arbustos de floración estival, desbrozando las matas demasiado voluminosas y las trepadoras que invaden demasiado terreno;
- trasplantar las rosas y los arbustos si el terreno no está helado;
- trasplantar las violetas a cajas vacías o entre los tulipanes que crecen;
- aplicar un tratamiento antiparasitario preventivo en los troncos, las ramas desnudas y las plantas perennes.

LAS FLORES

Los azafranes o crocos han florecido simultáneamente incluso en puntos donde no recordábamos haberlos plantado; a continuación, lo hacen *Prunus, Viburnum tinus,* narcisos precoces, jacintos, escilas y algún que otro tulipán. En las zonas de climas templados, la mimosa es una nube de oro.

LA SORPRESA

La nieve que se escurre y las gotas heladas sobre las ramas desnudas brillan cuando reciben la suave luz del sol y pueden ser un buen motivo para hacer una fotografía.

Febrero: todo está listo para reanudar el ciclo vital; las yemas turgentes esperan que el sol las bañe para abrirse

LOS TRABAJOS

- Plantaremos, bajo una lámina de vidrio, las plantas que van a florecer en verano: *Tagete* (clavel de moro), aliso, *Ageratum*, etc.;
- retirar las cubiertas;
- regar las plantas con regularidad;
- continuar la poda de mantenimiento de los arbustos de floración estival, retirando las ramas rotas o secas;
- aplicar de nuevo un tratamiento antiparasitario preventivo;
- administrar abono con fertilizantes químicos complejos;
- continuar con los trasplantes de las especies preparadas en otoño, así como de otras que podamos comprar en un vivero;
- preparar el terreno de las jardineras, removiendo la superficie con cuidado para no dañar las raíces de las plantas, y añadir tierra nueva;
- proporcionar estiércol seco a las rosas;
- plantar en una cajita escondida las *Begonie bulbosas* para poder trasplantarlas en mayo.

LAS FLORES

Florecen muchas especies, unas continuando el proceso iniciado en febrero, otras empezándolo ahora: *Bergenia* o flor de San José, brezo, forsitia, *Pieris japonica, Magnolia stellata, Magnolia soulangeana*, camelia, cerezo de flor, tulipán, narciso, prímula.

LA SORPRESA

Los pájaros saltan y cantan como de costumbre en esta época, mientras que los mirlos se lanzan sobre las flores en busca de lombrices, esparciendo tierra por todas partes.

Marzo: una variedad de cerezo en flor y floración precoz que crece incluso en maceta

LOS TRABAJOS

- Tener bajo control los eventuales ataques de parásitos;
- los geranios y las plantas más delicadas deberán ser trasladadas al aire libre;
- las plantas herbáceas crecen a simple vista y tendremos que aplicar cañas de sostén;
- plantar al pie de los árboles o las grandes matas algunas flores primaverales: violetas, prímulas, *Bellis perennis;*
- podar profundamente la *Clematis,* que florecerá en verano;
- limpiar el estanque de los peces y asegurarse de que las plantas acuáticas se encuentren en buen estado; de no ser así, hay que cambiarlas;
- es el momento de visitar el parque de Keukenhof de Holanda, donde florecen casi 6 millones de tulipanes;
- extraer de las jardineras los bulbos desflorados (excepto los de los azafranes y los de narciso, si queremos que crezcan de manera espontánea);
- plantar los bulbos de floración estival y otoñal.

LAS FLORES

Tulipanes tardíos, fritilaria, *Aubretia deltoidea, Iberia sempervivens, Jasminum polyanthum,* peonias, cerezos japoneses, lilas, azaleas, glícinas y algunas rosas.

LA SORPRESA

Una pareja de mirlos ha hecho su primer nido en la copa del laurel, a dos pasos de la ventana de la sala de estar.

Abril: nomeolvides y tulipanes, un binomio de éxito seguro

LOS TRABAJOS

- Empiezan a florecer las rosas y hay que luchar contra los áfidos y el *mal blanco;*
- deben trasplantarse los bulbos de las begoñas de floración estival;
- sustituir las bulbosas de floración primaveral, que ya habrá terminado, por flores veraniegas: *Impatiens, Begonia semperflorens, Tagetes,* petunia, salvia, etc.;
- continuar el tratamiento periódico con los fertilizantes;
- aumentar la duración de la irrigación diaria;
- repetir los tratamientos antiparasitarios y contra el moho;
- es el momento de visitar el Chelsea Flower Show de Londres, o bien acercarse a los jardines de los lagos del Piamonte y Lombardía, donde florecen las azaleas y los rododendros;
- renovar o enriquecer el forro de corteza de pino desmenuzada para proteger las raíces de las plantas del calor que se avecina;
- sacar al aire libre las plantas de interior e instalarlas en un lugar sombreado, conectando las macetas al sistema de riego automático.

LAS FLORES

Habíamos olvidado el perfume del pitosforo, que es embriagador; también florecen: rosas, peonias, iris, *Cytisus praecox, Clematis montana,* muguetes, azaleas, etc.

LA SORPRESA

La *Feijoa sellowiana* ha florecido; la flor tiene cuatro pétalos cóncavos y cerúleos, de color blanco-rosado en el exterior y purpúreo en el interior; en el centro hay un gran número de estambres carmesíes con antenas amarillo oro.

Mayo: iris y peonias armonizan entre sí sobre un fondo de conífera (Picea albertiana conica)

JUNIO

LOS TRABAJOS

- Ha llegado el verano, los días son largos y las plantas crecen por todas partes;
- el período de riego debe prolongarse y, en caso necesario, repetirse mañana y tarde;
- los lirios blancos han florecido aunque el estelo florífero deberá cortarse para no fatigar al bulbo;
- podar las matas que hayan florecido en primavera (espirea, forsitia, etc.);
- es el momento de la merienda campestre, de los paseos y las cenas al aire libre con los amigos, y de las barbacoas;
- combatir los parásitos y el moho con denuedo;
- continuar con las fertilizaciones periódicas;
- mantener en todo momento limpia de infecciones la tierra de los contenedores.

LAS FLORES

Están en flor: rosa, lavanda, lirio, petunia, geranio, salvia, *Tagetes, Trachelospermum jasminoides, Lantana camara,* oleandro, clavellina, etc., y el aire propaga el perfume de las flores.

LA SORPRESA

En el aire de la tarde podremos percibir el cóctel de aromas de las hierbas aromáticas después de regarlas; el aire caliente que despide el pavimento de la terraza ha conservado los perfumes y los mezcla con el de la rosa y el jazmín.

Junio: violetas de diversas tonalidades en un «prado» a los pies de un arbolito de rosas (Rosa ballerina)

JULIO

LOS TRABAJOS

- Cobijar a la sombra de las pérgolas las plantas que no soportan el sol intenso y la aridez del aire;
- recoger las florescencias de lavanda para componer pequeños ramitos y atarlos con un lazo; nos servirán de pequeño homenaje a las amigas que vengan a visitar las terrazas o para hacernos compañía;
- los mastuerzos empiezan a tener semillas maduras que podemos recoger;
- abonar los crisantemos coreanos cada 15 días para mantenerlos bajos y compactos;
- aumentar, en caso necesario, la duración de la irrigación automática;
- retirar las flores marchitas de las herbáceas perennes y de las rosas;
- continuar con el suministro periódico de fertilizantes;
- no interrumpir la lucha contra parásitos y enfermedades diversas.

LAS FLORES

La *Bougainvillea glabra sanderiana,* símbolo del verano, pintará de color violeta fucsia los muros, paredes y pérgolas que estén expuestos al sol; también florecen la pasionaria, la clemátida, el *Plumbago capensis,* el oleandro, *Bignonia,* las diversas clases de *Lonicera* y, en las regiones meridionales, el *Hibiscus sinensis;* los nenúfares y el jacinto acuático florecen en el agua.

LA SORPRESA

Las glícinas tienen todavía algunas flores aquí y allá, que producen las largas vainas velludas que encierran las semillas.

Julio: una Bougainvillea *es ideal para cubrir muros*

AGOSTO

LOS TRABAJOS

- Calor, sed y tensión entre las plantas del balcón; las floraciones se han detenido un poco;
- ayudándonos con un aspersor aplicado a una manguera, irrigaremos la copa de los arbustos y trepadoras, creando así un microclima menos seco;
- aplicar aceto balsámico a las ramas de hierbas aromáticas;
- no olvidar el fertilizante cada 8-10 días para las flores anuales y los geranios;
- podar la lavanda dejando los estelos floridos muy cortos;
- dividir los rizomas de iris.

LAS FLORES

Están en plena floración las dalias «pompón», los *Phlox*, la nicotiana y todas las flores anuales, empezando a florecer los septiembres hacia final de mes. Continúan la *Canna indica*, los oleandros, la *Bignonia* y los *Hibiscus syriacus.*

LA SORPRESA

Además de las hierbas aromáticas, acaba de despuntar la porcelana *(Portulaca oleracea)*, que puede utilizarse para ensaladas.

Agosto: la alegre floración de una Bignonia *esconde y da sombra el largo balcón de la barandilla de una vieja casa*

SEPTIEMBRE

LOS TRABAJOS

- Reducir la duración del riego;
- no suspender todavía el suministro de abono de las anuales, que seguirán floreciendo hasta los primeros hielos (*Begonia semperflorens, Tagetes, Ageratum*, etc.);
- las corregüelas siguen en flor, trepando por las rejillas que disimulan el cuarto de las herramientas, y produciendo centenares de semillas que podemos recoger;
- el viento y los aguaceros empiezan a menudear; retiraremos los desperfectos y afirmaremos las plantas con cuerdas;
- encargar los bulbos de floración primaveral, pues acaban de llegar los catálogos de las floristerías holandesas;
- en las zonas septentrionales, donde las noches son ya más frescas, retiraremos las plantas más delicadas hacia finales de mes;
- cuidados estacionales de bonsais;
- es el momento de realizar extracciones de romero, lavanda, abrótamo, etc.

LAS FLORES

Las rosas, las flores anuales estivales, algunas variedades de *Sedum spectabile*, los septiembres perennes y anuales, las dalias y muchos arbustos han madurado sus bayas (*Pyracantha, Cotoneaster, Rosa rugosa*, etc.).

LA SORPRESA

La vid de Canadá ya está coloreada en parte de rojo y, en las zonas en penumbra y más húmedas, han florecido los cicláminos.

Septiembre: las bayas de Sambucus racemosa *para una amplia terraza de montaña*

OCTUBRE

LOS TRABAJOS

- Colocar en las jardineras, en el lugar que dejan libre las anuales desfloradas, algunas coles ornamentales; tienen tonalidades espléndidas, del rosa al violeta encendido;
- acortar el período de riego;
- limpiar las macetas de las plantas agotadas, lavándolas antes de volverlas a utilizar;
- plantar los bulbos de floración primaveral;
- remover la tierra superficial de las jardineras (procurando no romper las raíces) y esparcir un abono orgánico de efecto lento;
- retirar las plantas de interior que, al haber pasado todo el verano en las pérgolas, tendrán un aspecto magnífico;
- todos los arbustos de hoja caduca se encienden día a día con los colores cálidos del otoño;
- controlar las canalizaciones del agua de lluvia: las hojas secas pueden obstruir el desagüe;
- en las zonas frías del norte deben retirarse todas las plantas delicadas;
- preparar un buen abono orgánico para los rosales y un forro espeso;
- una bolsita de plástico atada en algunas ramas con bayas las mantendrá turgentes, y las protegerá de la gula de los pájaros y listas para los adornos navideños.

LAS FLORES

Rosas, crisantemos coreanos y los últimos septiembres perennes.

LA SORPRESA

Las bayas del *Cotoneaster* son de color rojo vivo y los pájaros causan estragos, llenando la terraza con su incesante gorjeo.

Octubre: aunque la naturaleza se prepara para el invierno, el color pervive en las llameantes hojas de Parthenocissus quinquefolia *y la* Begonia semperflores *en una terraza urbana*

LOS TRABAJOS

- Seguir con la limpieza del terreno y el abono;
- añadir más corteza de pino desmenuzada para crear un buen forro que proteja las raíces;
- retiraremos todas las hojas de los árboles vivos que hayan perdido su color y hayan caído y las esparciremos sobre la tierra de las jardineras, que regeneran y ayudan a aumentar el efecto de forro térmico;
- seguir plantando los bulbos de floración primaveral;
- es el momento de trasplantar los arbustos y rosales de raíz desnuda;
- cortar la parte superior de las herbáceas perennes, que en este mes habrán entrado en fase de reposo;
- irrigar las pequeñas flores invernales en días templados;
- reforzar fijaciones y apliques;
- no dejar que se seque la tierra de las jardineras que alojan plantas, aunque estén en reposo;
- preparar el depósito con los peces para el invierno, introduciendo en el agua una fajina vertical: de este modo, el agua no se helará y los peces podrán respirar.

LAS FLORES

Crisantemos coreanos; la *Camellia sasanqua* ha florecido y tiene un ligero perfume de té que se propaga por el aire.

LA SORPRESA

Las coles ornamentales, con el frío, han acentuado sus colores y parecen enormes flores violáceas.

Noviembre: crisantemos coreanos en cascada, para iluminar un balcón asomado a un jardín

LOS TRABAJOS

- La terraza está desnuda, y sólo las plantas de hoja perenne y las pequeñas coníferas le dan una suave nota de color;
- examinaremos los eventuales errores para corregirlos;
- esparciremos paja en la base de las matas más frioleras;
- no suspenderemos por completo el riego, proporcionando el agua justa en los escasos días soleados;
- colocar en la sala de estar el árbol de Navidad y adornarlo con bayas rojas, nueces doradas, unas pequeñas piñas, melinas rojas, mandarinas y *Kumquat*.

LAS FLORES

Calycanthus y *Jasminum nudiflorum* están a punto de florecer, las yemas están duras; la *Camelia sasangua* todavía está en flor y el eléboro empieza a hacerlo ahora. Las bayas rojas de la *Skimmia japonica* forman racimos llameantes.

Diciembre: el frío ordena a las plantas que entren en letargo; las caducas pierden sus hojas, pero las ramas desnudas se adornan de los cristales de hielo

La presencia de flores reaviva e ilumina cualquier fachada

Las herramientas

La madera, más actual y hermosa que nunca, concede naturalidad al mobiliario de un jardín y terraza

Actualmente, el jardín moderno se ha mecanizado gracias a utensilios muy prácticos y cada vez más complejos. Las necesidades varían mucho en función de si el trabajo se realiza en un pequeño balcón o en una amplia terraza.

Para grandes espacios que cuenten con parterres sembrados en forma de prado, tendremos que contar con una herramienta para cortar la hierba y un vaciador (ambos pueden ser eléctricos, que son más cómodos y funcionales en comparación con los manuales, para espacios pequeños).

Una rosa trepadora, plantada en tierra, puede llegar a adornar una fachada entera, si se poda y organiza con habilidad

A estas máquinas añadiremos una carretilla con rueda de goma para cargar y descargar con rapidez cada material, una escoba metálica para rastrillar las alfombras vegetales y una azada.

Otras herramientas que serán útiles en todos los casos, tanto en balcones pequeños como en terrazas medianas, son:

— las podadoras (clásicas tijeras de jardinero);
— las tijeras de seto (si contamos con matas recortadas en formas geométricas);
— la guadaña;
— el cuchillo de injertos (para quien desee concentrarse en el injerto);
— el rastrillo (de 10 dientes es más que suficiente);

— la azada (de mango corto y mango largo, para espacios más amplios);

— el sachador (de mango corto y mango largo, para espacios más amplios);

— la pala (de mango corto para trabajar en las pequeñas jardineras);

— el plantabulbos (para reducir los daños en las raíces de las plantas ya existentes);

— las tijeras de pértiga (para cortar a ras de tierra las ramas de las trepadoras);

— la bomba irrigadora (de tamaño pequeño a mediano, para tratamientos químicos);

— la regadera;

— la manguera de goma o de plástico (para riegos regulares y para limpiar la terraza), provista de una toma de agua y un aspersor para el riego fino;

— un cubo de plástico graduado (para mezclar el agua y los fertilizantes).

Todas las herramientas para el jardín deben ser de buena calidad para que duren más tiempo; es bien sabido que disponer de materiales adecuados significa tener medio trabajo hecho. Sin una azada no se puede excavar en la tierra y preparar los agujeros para los trasplantes; en una terraza, el rastrillo es indispensable.

Para eliminar la reverberación de una pared orientada al sur, la mejor solución son las plantas frondosas

Los mangos de las herramientas suelen ser de madera de fresno, y cada arnés debe tener el cuello —donde se aloja el mango— bien profundo. En el momento de la compra, hay que asegurarse de que cuenten con las características esenciales, como son:

— ser inoxidables;
— ligeras;
— muy sólidas;
— de empuñadura anatómica;
— con un mango provisto de un agujero (para colgarlas);
— de un tamaño proporcional al trabajo que vamos a realizar (medianas para plantas cultivadas en amplios contenedores y pequeñas para las macetas).

También son importantes:
— los guantes de jardinero (un par ligero para trabajos de rutina y otros de piel para manejar plantas espinosas);

Con la ayuda de algunas rejillas usadas para crear un juego de líneas, se puede obtener un sentido de profundidad y hacer agradable un muro alto ciego

— un mono con bolsillos y ganchos (para guardar las pequeñas herramientas);
— un cojín de gomaespuma (para poderse arrodillar con mayor comodidad);
— un carrete de rafia verde;
— una serie de etiquetas de plástico y un rotulador de tinta resistente al agua;
— un cesto para recoger flores marchitas y hojas secas.

Por otro lado, hay que habilitar un cuarto para guardar las herramientas, el abono, la tierra, los desinfectantes, etc.

No se debe olvidar que las herramientas, antes de guardarlas, hay que limpiarlas con cuidado y, en caso de detectar la presencia de plagas, aplicar desinfectantes para evitar que se propaguen.

Tierra y humus

La tierra es el elemento básico sobre el que los arbustos y, en general, todos los seres vegetales se fijan mediante las raíces. En este sustrato se encuentran diluidas de manera natural diversas sustancias como las sales minerales presentes en el agua, que son absorbidas por las plantas a través del aparato radical.

La naturaleza físico-química de un terreno

Los colores de los diversos híbridos de la petunia son innumerables y sus masas floridas no pasan nunca desapercibidas

ajardinado suele estar compuesta por cinco elementos básicos: minerales inorgánicos, elementos orgánicos, aire, agua y flora bacteriana terrestre.

El equilibrio ácido-alcalino de la solución natural es muy importante, dado que regula la cantidad de nutrientes que puede absorber la planta. La mayoría de las plantas de jardín vive en un terreno ácido (pH 5,5 o 6,6), que es el tipo de tierra que se vende en bolsas para practicar este cultivo.

Las tierras de mejor calidad son las que dan mejores resultados: en el mercado podemos encontrar diversas composiciones que se adaptan a las exigencias de los vegetales, especialmente pensadas para el cultivo en contenedores.

No existe un sustrato de cultivo ideal y único para todas las plantas, por lo que, en ciertas especies (plantas suculentas, acidófilas por excelencia), usaremos el humus más adecuado.

Una terraza original junto al techo de una vieja iglesia

En estado natural, el terreno tiene diferentes propiedades físico-químicas: es arcilloso, arenoso, calcáreo o turboso.

La consistencia de estos terrenos puede modificarse con la adición de materiales correctores, aunque es difícil obtener un buen resultado para quien dé los primeros pasos en la jardinería; por ello, será mejor confiar en las tierras preparadas.

La tierra universal tiene las características más adecuadas para el cultivo en macetas, como la ligereza (requisito esencial que evita un sobrepeso de la estructura del balcón) y un nivel alto de capacidad de absorción y arrastre a través del agua. Además, en invierno, puede penetrar en las capas protectoras que hayamos aplicado a las raíces de las plantas.

Si alguna especie, a pesar de los cuidados, presenta rastros de musgo, hongos, putrefacción, sequedad en las hojas, etc., será mejor extirparla, desechar la tierra, lavar cuidadosamente los

Cazos, cajas, vasijas: todo en barro cocido para esta terraza campestre

El romero se viste de fiesta en marzo-abril y, a continuación, florecen los cebollinos el tomillo, la salvia, la melisa, la menta y la albahaca.

De todas estas plantas aromáticas de cocina, podemos obtener nuevas matas sin gran esfuerzo. En el caso del romero, basta con cortar una ramita florida y enterrarla dos tercios en tierra y arena. Las ramificaciones de tomillo y salvia de crecimiento lento producen raíces y, por tanto, basta con separar un tallo de la parte que ha enraizado y trasplantarla.

La menta produce largos estolones que generan nuevas plantas, mientras que para la melisa y los cebollinos debemos extraer una parte de la copa que crece cada año. La albahaca crece a partir de la semilla y es de ciclo anual.

Entre las plantas de balcón más hermosas están los mastuerzos que, además de la elegancia de su follaje, presentan flores que tienen intensos colores

contenedores y trasplantar las plantas con una tierra nueva.

Esta solución que, a primera vista, puede parecer drástica (la planta es muy vulnerable y puede parecer irrecuperable), es sin embargo la única válida para acabar con epidemias de moho y hongos.

Los cuidados

No hay planta, por muy robusta que sea, que no necesite unos mínimos cuidados y atención. Si antes de elegir los vegetales hemos seguido todas las indicaciones sobre la elección de las plantas (orientación, clima, espacio) en función de sus características y exigencias (sol, sombra, terreno seco o fresco a cubierto del viento, tierra adecuada y contenedores proporcionados), el mantenimiento rutinario y los cuidados se reducirán al mínimo imprescindible. Riego regular (mejor si es automático), abono periódico, desinfección, cavar el terreno (para romper la corteza superficial que se forma sobre el mismo, así como para extraer las malas hierbas) y limpieza de las plantas (retirar las partes secas y las corolas desfloradas) son las intervenciones que tendrán que realizarse en cualquier terraza o balcón adornado con vegetación entre la primavera y el otoño.

Durante los meses de invierno, los cuidados se reducen a un riego repetido en largos intervalos y, en los días más templados, a un control de las cubiertas de las plantas delicadas, la renovación de cuerdas y la eliminación de ramas secas o rotas por el viento o el hielo.

Desgraciadamente, las plantas pueden verse dañadas también por las inclemencias naturales, como temporales, rachas fuertes de viento, escarchas o heladas, granizo, etc., contra las que no podemos hacer gran cosa. En los

Sobre el techo de un palacio de ciudad, el verde aporta un ambiente natural y la intimidad es total

Una combinación de Impatiens *de diversos colores para una terraza en semi-penumbra*

balcones y terrazas podemos tomar dos precauciones: por ejemplo, colocar redes antigranizo, forros generosos en macetas y jardineras, etc. A pesar de todo, a menudo las plantas sufren daños. Además, las enfermedades por hongos y el ataque de los parásitos suelen cebarse en las especies más debilitadas. Por ello hay que realizar una acción periódica de control para eliminar cualquier problema al primer síntoma.

El transplante

Para una buena instalación de las especies en nuestra terraza o balcón es aconsejable utilizar tierra vegetal de primera calidad, ligera, nutritiva y rica en humus. Las raíces de las plantas de maceta se ven obligadas a crecer en un espacio limitado y no pueden traspasar las paredes en busca de humedad y alimento como harían si estuvieran plantadas en la tierra. Por lo tanto, es comprensible que proporcionándoles una buena tierra vegetal compensaremos la falta de espacio.

Cada maceta, caja, jardinera o parterre debería poseer una capa de material filtrante de varios centímetros de grosor en el fondo, indispensable para asegurar un buen drenaje.

Normalmente se utiliza la arcilla cocida que se vende en forma de bolitas marrones, muy ligeras. Un pedazo de tela colocado entre la tierra y la arcilla nos permitirá mantener aislados ambos materiales que, de otra manera, acabarían mezclándose con el paso del tiempo.

Como es natural, cada contenedor debe tener un agujero en el fondo para eliminar el exceso de agua irrigada.

En las grandes jardineras de cemento, con desagües en la base de las paredes, se recomienda aplicar un tubito para canalizar el agua hacia fuera.

bulbos

huevera de cartón

Para conservar los bulbos durante la época de reposo, debemos colocarlos en un lugar fresco y seco, por ejemplo, en una huevera de cartón

Los bastoncitos de bambú son los más adecuados para utilizarlos de soporte para las plantas y arbustos; este material es prácticamente incorruptible y podemos dejarlo en el mismo sitio de un año para otro. La base del bastón debe cortarse oblicuamente para facilitar su fijación en el suelo.

144

La violeta desafía el invierno: la capa de nieve protege las raíces del frío y le permite florecer

Un buen trasplante asegura que la planta se reponga rápidamente del trauma que supone la operación y favorece también su recuperación biológica. La planta debe encontrarse, tras la etapa de reposo, perfectamente estable. Para las plantas de maceta o de terrón comprimiremos la tierra alrededor del pan sin dañar las raíces que sobresalen; para las plantas de raíz desnuda, habrá que distribuir la tierra entre las raíces, ayudándonos con un palito de madera, tratando siempre de no herirla. Procederemos entonces a añadir la tierra superficial y a regar abundantemente.

Para las plantas compradas con la raíz desnuda, antes de trasplantarlas hay que eliminar las raíces rotas o dañadas con un par de tenacillas bien afiladas. Si el aparato radical está seco, es aconsejable sumergirlo en agua a 14-16 °C y dejarlo así durante un mínimo de 8-10 horas, antes de trasplantarla. Para las plantas de maceta, es mejor regarlas el día antes de la operación. En el

momento de proceder a plantarlas, si el contenedor es de barro cocido, basta con poner boca abajo la maceta originaria y dar unos golpecitos en el borde para que el terrón salga con facilidad. Si el contenedor es de madera o de plástico, podemos cortar o serrar una parte de la maceta para facilitar la salida del conjunto sin dañar las raíces.

El cuello de la planta (el punto del tallo que se encuentra inmediatamente por encima del nivel de la tierra) debe quedar siempre al aire libre.

La mejor época para trasplantar una planta es aquella en que la vegetación está inactiva. Actualmente, las nuevas tecnologías han permitido poner en el mercado especies y variedades cultivadas en macetas o en terrones especiales que son capaces de sobrevivir varios meses fuera de la tierra, de manera que podemos plantarlas en cualquier momento, con la ventaja de permitirnos realizar operaciones nuevas en pleno verano, siempre con las debidas precauciones. El trasplante en otoño es, no obstante, la mejor solución; la tierra todavía está caliente y el aparato radical se aprovecha de ello preparándose para el frío; con la llegada de los primeros calores primaverales, se encontrará en las mejores condiciones para alimentarse y desarrollarse.

A menudo, los estelos que atraviesan las flores de las dalias se pueden doblar con una racha de viento, un fuerte temporal o un golpe involuntario; a partir de entonces, la flor tendrá un tallo demasiado corto como para poder colocarse en una maceta, aunque podemos crear un atractivo centro de mesa sumergiendo un extremo en un plato con agua.

Colocando un bulbo de Caladium *con la yema hacia abajo, el tallo se ramificará y las hojas serán más numerosas, incluso las más pequeñas. Si lo ponemos hacia arriba, el bulbo producirá pocas flores pero de mayor tamaño*

El abono

Durante su vida, cada planta desarrolla una contínua tarea de construcción: de raíces, tallo, hojas, flores, frutos y semillas. Por lo tanto, debe alimentarse adecuadamente, absorbiendo anhídrido carbónico que, junto con la clorofila y los rayos del sol, le proporcionan los azúcares necesarios. Del suelo absorbe, a través de las raíces, las sales minerales que, combinadas con los azúcares, producen sustancias complejas que constituyen el sustrato de las células vivas.

La planta, durante su vida, aprovecha la tierra en la que está plantada, de la que extrae los elementos necesarios para vivir; la tierra de un contenedor, a diferencia de la del campo o la de un jardín, no puede regenerarse: por eso hay que abonarla, que no es otra cosa que restituir a la tierra lo que se le ha quitado, manteniendo así el equilibrio constante entre su grado de fertilidad y de fecundidad.

Es indispensable usar tierra específica para flores y proceder a riegos diarios y abono periódico para obtener hermosos balcones

LOS FERTILIZANTES

Un abono racional no puede prescindir del suministro de fertilizantes orgánicos: en primer lugar estalático, más o menos desecado.

Estos elementos tienen una acción lenta, puesto que las sustancias nutritivas que contienen se liberan únicamente después de disolverse en el agua.

El abono no puede limitarse a las sustancias orgánicas, sino que debe completarse con fertilizantes minerales que aumentan la capacidad nutritiva del terreno, se utilizan fácilmente y no aumentan su pH. De hecho, la planta los asimila con rapidez en cuanto se ha disuelto en el agua de riego y entra en contacto con sus raíces.

Los fertilizantes orgánicos deben suministrarse directamente a la tierra en el momento del trasplante, procurando que no toque directamente las raíces. Podemos volver a utilizarlos en otoño-primavera, mezclados con la tierra superficial.

El humus de lombriz es un aliado precioso para cualquier tipo de cultivo; este compuesto tiene una acción fertilizante, ya que contiene micro y macroelementos muy nutritivos que absorbe la planta de manera gradual y estimulan la actividad del suelo.

La presencia de amplias jardineras y la posibilidad de contar con una alfombra vegetal convertirán nuestra terraza en un auténtico jardín

Los fertilizantes inorgánicos, más conocidos como abonos químicos, se suministran mezclados en el agua de riego durante el período de crecimiento (cada 8-10 días, de marzo a septiembre).

Existen muchas composiciones (abonos complejos) adecuadas para cada cultivo (para plantas de balcón, rosales, coníferas, arbustos ornamentales, bulbos, etc.).

El modo de empleo aparece en las instrucciones que incluye el producto y su composición asegura a las plantas unas cantidades aceptables de todos los elementos básicos para su nutrición.

El cultivo en maceta de las bulbosas exige un abono específico que les permita reconstituirse y tener la fuerza suficiente para volver a florecer al año siguiente.

Lo mismo hay que decir de los rosales, que tienen un aparato radical muy fuerte y que explotan la tierra de un modo especial.

Obtener bellas rosas en una maceta es un reto para el propietario de un balcón o terraza, dado que le permite demostrar su pericia, experiencia y, sobre todo, su amor por el mundo vegetal.

Por otro lado, existen abonos químicos en comprimidos que pueden utilizarse en todas las variedades de plantas en maceta. Cada caja contiene varias pastillas o bastoncitos, en función de la marca y la preparación, que deben hundirse en la tierra a lo largo del diámetro de la maceta, en cantidad proporcional a las dimensiones del contenedor. El proceso debe repetirse cada dos o tres semanas.

Siempre deben respetarse las indicaciones que figuran en el prospecto del producto, sin aumentar las dosis aconsejadas con la intención de aumentar el nutriente de la planta; de este modo obtendríamos el efecto contrario, y una concentración demasiado elevada podría incluso quemar los tejidos vegetales.

Es un error reducir la dosis con la esperanza de conseguir los mismos resultados con mayor ahorro. Hay que mentalizarse de que los fertilizantes son indispensables para la vida de la planta, sobre todo si la cultivamos en un contenedor, por lo que deben utilizarse con criterio y moderación.

El riego

La tierra de todas las plantas para balcones y terrazas no debe estar nunca seca, con raras excepciones. En especial, si los días son calurosos y soleados, hay que regarlas todos los días, a ser posible a últimas horas de la tarde. En caso necesario, sobre todo para las plantas de gran tamaño, repetiremos la operación durante las primeras horas de la mañana.

Al igual que el abono, el riego favorece el desarrollo regular y progresivo de los cultivos. Si no lo practicamos correctamente podríamos cau-

Una serie de pequeñas jardineras adosadas a la barandilla logra reavivar la monotonía de un largo balcón

Una graciosa mancha de color estival para un pequeño balcón en los valles de la montaña

sarles daños quizá irreparables. En una terraza de tamaño grande o mediano, es indispensable contar con una instalación de irrigación automática.

En la actualidad hay muchas posibilidades de elección de material para el riego (temporizadores, rubos, irrigadores, etc.). Con la excepción de jardines colgantes de cierto tamaño donde se utilizan irrigadores de aspersión, la instalación ideal para macetas, jardineras y cajas de diversas medidas se basa en la técnica del «gota a gota». Se trata de un tubo de 16 mm de diámetro que se extiende a lo largo de un recorrido adecuado para alcanzar todas las plantas.

De ahí salen unos tubos de menor calibre que llevan en el extremo un cuentagotas que se instala en los contenedores (uno o dos, en función de las necesidades).

151

La relación agua-planta se produce mediante un temporizador (un pequeño artilugio alimentado por una pila), el cual, en el momento predeterminado, abre y cierra la válvula de emisión de agua.

Este ingenioso sistema regula el agua, no tanto en el lugar de origen, sino en el de llegada: para una planta que necesite un terreno no muy húmedo, colocaremos en la tierra de la maceta unos cuantos irrigadores; para las plantas de ripa o incluso acuáticas pondremos muchos más.

Para los balcones muy pequeños, podemos montar un pequeño ingenio manual; de todos modos, en estos casos también se recomienda usar una instalación automática que nos permita regar las plantas cada día sin esclavizarnos por ello y sin que las plantas sufran.

Dicho esto, se comprende la utilidad de asegurarse, antes de decidir el material vegetal, de que la terraza disponga de un grifo para el agua y una toma de corriente.

Esta es necesaria tanto para el montaje de centralitas de varias líneas para las grandes terrazas o los jardines colgantes, como para la instalación eléctrica nocturna.

Los enemigos que debemos combatir

Salvaguardar la salud de las plantas es una de las ocupaciones de mantenimiento ordinario que debemos realizar tanto en espacios grandes como en pequeños: de la amplia terraza al cazo con flores anuales.

Sin duda, es mucho mejor prevenir que curar; está claro que un control periódico permite intervenir al primer síntoma de hongos o parásitos. Con la experiencia, podremos reconocer los síntomas que una planta enferma manifiesta.

Para no ser molestados por los insectos cuando trabajamos con los vegetales, podemos utilizar un sombrero de paja y rociar la ropa con un insecticida para mosquitos, evitando así las picaduras.

CUÁLES SON LOS PARÁSITOS Y CÓMO ACTUAR

Entre los parásitos, las plantas son atacadas por los Afidios, llamados vulgarmente «pulgones», que pueden ser de color negro o verde. Anidan en la raíz de las ramas más tiernas o debajo de las flores (rosa). Son peligrosos puesto que limitan el flujo de linfa sustrayéndola con un canutillo que practican con su largo aparato bucal.

La araña roja se adhiere en la parte inferior de las hojas, en las que no es fácilmente visible. Las hojas afectadas se doblan de un modo peculiar y acaban cayendo; las flores se marchitan y se detiene el crecimiento de nuevos brotes.

El áfido lanígero se desarrolla en el tronco, sobre las ramas y en las raíces, sustrayendo linfa a la planta y provocando formas tumorales. Los cuidados para eliminar estos incómodos personajes consisten en rociar toda la planta con un antiparásito adecuado. Cuando la infección se

153

Muchas especies de jardín son un denso y «exquísito plato» para las cochinillas, hemíptero fastidioso y difícil de eliminar definitivamente.

Para obtener un buen resultado con una modesta cantidad de producto se puede intervenir con dos tratamientos, separados en su aplicación por intervalos de media hora uno del otro, dejando que el producto impregne las ramas. El primer tratamiento alejará las cochinillas, el segundo las exterminará.

limita a unas pocas plantas, utilizaremos un vaporizador. Debemos mantener el frasco a unos 30 cm de distancia de las ramas y repetir el tratamiento al cabo de 8 días.

Entre los parásitos, la cochinilla algodonosa y la mosca blanca son los más difíciles de eliminar.

La cochinilla anida en la raíz de las hojas y en las láminas de las mismas; todos los ejemplares visibles deben eliminarse con unas pinzas, y rociar a continuación la planta con un producto específico (aceite blanco), que consigue asfixiar al parásito.

La mosca blanca no se puede eliminar con facilidad. Hay que aplicar un tratamiento insistente con un producto a base de piretro durante 3-4 días.

Las enfermedades criptogámicas son las que afectan las células vegetales y las destruyen, provocando el paro biológico del vegetal. Son organismos microscópicos que atacan a las células, son contagiosos y deben combatirse desde su aparición con medios físicos (extirpación de la rama afectada) y químicos (rociar con productos específicos) para ahuyentarlos de la planta enferma.

Entre los más conocidos está el mal blanco, que se reconoce por un polvo blanco depositado sobre las hojas, ramas y brotes; las partes afectadas se deforman y el crecimiento se detiene. Un buen fungicida seleccionado escrupulosamente nos permitirá eliminar sin gran esfuerzo la enfermedad.

Una óptima solución puede ser el uso de azufre en polvo que espolvorearemos sobre la planta en días no ventosos y húmedos.

Las virosis, que se manifiestan como estrías o clapas sobre las hojas, alteran el proceso vegetativo y lo dañan de manera casi irreparable. Son microorganismos que alteran la composición y la estructura básica de las células vegetales.

Un remedio radical consiste en destruir directamente la planta afectada, así como aplicar cuidados preventivos (áfidos, hormigas y otros insectos funcionan como catalizadores de la virosis).

Este es, en grandes líneas, el cuadro de alguna de las adversidades que afectan las plantas; el tema es muy amplio y el estudio de los científicos para hallar nuevos remedios está en continua progresión.

La putrefacción suele producirse al pie de los arbustos herbáceos, en la parte enterrada de las raíces, en los bulbos, los tubérculos rizomáticos y en las raíces de las plantas leguminosas. La enfermedad se ve favorecida por el exceso de humedad del suelo; en este caso, hay que eliminar todos los ejemplares afectados, desinfec-

Para eliminar los abejorros, cuya picadura puede resultar letal, podemos construir una simple trampa cortando una botella de plástico por la parte superior. A continuación, pondremos la parte cortada del revés dentro de la botella; a través de dos agujeros haremos pasar una cuerda para atar esta extraña maceta a las ramas de la planta. Lo llenaremos con un tercio de agua azucarada y vinagre. Los insectos indeseados, atraídos por el olor, entran en la trampa para quedar presos para siempre

Existen más de 400 especies de geranios que siempre han decorado nuestros balcones desde tiempo inmemorial. Al conocido Pelargonium *se han ido añadiendo variedades de follaje muy variado, con una floración breve y un perfume sorprendente: limón, cánfora, manzana, melisa, fresa, etc.*

Hay varias especies botánicas que pueden encontrarse en estado natural y provienen de Turquía, Australia y Sudáfrica: son, por regla general, matas perennes, aunque también hay plantas anuales y suculentas.

Las pelargóneas que podemos encontrar en el mercado son fruto de la hibridación, y entre las especies más conocidas hay: Pelargonium capitatum, *con un perfume de rosa,* Pelargonium crispum, *que huele a limón,* Pelargonium odoratissimus, *a nuez moscada...*

Un balcón «convencional», aunque elegante, adornado con geranios rosas

tando el suelo con un producto granular polivalente o, en el caso de los pequeños contenedores, retirando la tierra infectada. Los troncos y tallos leñosos deben rascarse y desinfectarse con un fungicida.

La poda

Los arbustos son plantas perennes, leñosas, de crecimiento matoso o trepador, caducos o perennes. Son plantas robustas, resistentes y a menudo silvestres, pero deben examinarse durante el crecimiento para contener su expansión.

No se debe cometer el error de plantar un arbusto equivocado en el lugar equivocado. Ante todo, hay que evaluar qué parte de la planta tiene mayores cualidades ornamentales y cuáles son nuestros intereses. Plantar un arbusto de crecimiento vigoroso en un espacio reducido

Un jardín colgante de este tamaño suele exigir una inversión notable de tiempo y esfuerzo. Aun así, el uso de perennifolios limita el mantenimiento a unas pocas sesiones anuales

implica «castigarle» cada año para evitar que prolifere; además, a través de los tallos de las podas pueden infiltrarse muchas enfermedades en perjuicio de la planta y del conjunto de la composición.

Los arbustos y las plantas pequeñas de balcón deben recortarse sólo un poco por la copa, eliminando ramas débiles, enfermas o rotas. En la fase juvenil (poda de cría), se debe estimular la tendencia del crecimiento (excepto con formas obligadas, como en los setos, mientras que en la madurez (poda de mantenimiento) debemos contribuir a que el arbusto se mantenga sano.

Así, una poda cuidadosa y ligera producirá efectos beneficiosos, sobre todo si está encaminada a eliminar las partes de crecimiento defectuoso o estropeadas, manteniendo un equilibrio entre la «madera vieja» y la «madera nueva» que llevará a la planta hasta la próxima floración.

Cada mata tiene sus características de formación, crecimiento y floración, por lo que no podemos dar reglas generales sobre la poda que sirvan para todos los arbustos y situaciones. Como norma, podemos decir que los arbustos que florecen al principio de la primavera deben podarse únicamente cuando ya han desflorado, realizando un corte en la raíz de la yema vuelta hacia el exterior. De esta yema crecerá un ramo que florecerá durante la próxima primavera.

Las matas de floración estival deben ser podadas, por contra, en otoño, salvo en las zonas donde el invierno sea muy frío y haya fuertes heladas; en este caso, esperaremos a los meses de febrero o marzo para intervenir.

Los arbustos de hoja perenne y las coníferas no necesitan ninguna intervención de poda cuando su aspecto sea agradable y no presenten enfermedades o desperfectos.

Hay, en cambio, ciertos arbustos que deben ser podados cada año para obtener floraciones abundantes y repetidas (rosales) o frutos sanos y abundantes (árboles frutales).

Cada corte deberá efectuarse con las herramientas muy afiladas (podadoras, guadaña, etc.) para no estropear la corteza de las ramas. Un

La hiedra prospera con rapidez, adueñándose de los espacios que le hemos reservado. Fijaremos un límite a su desarrollo y podaremos sus ramas regularmente con la podadora bien afilada para contener su proliferación. La poda evita, entre otras cosas, que las raíces arruinen el revestimiento de la casa, al avanzar más allá de las rejillas de sostén.

corte limpio se cicatriza de manera natural, mientras que una lesión en la corteza puede ser una fuente de gérmenes.

En el caso de la intervención en plantas enfermas, hay que desinfectar las herramientas antes de proceder a cortar otras plantas, para no trasmitirles la enfermedad.

El invierno

El balcón invernal no debe estar necesariamente desnudo o parecer un lugar abandonado; instalando una vegetación compatible con el clima, la orientación y el espacio, plantas de hoja perenne, coníferas o arbustos ricos en bayas, podremos gozar de un paisaje invernal en miniatura, aunque no exento de fascinación y que a menudo atraerá la visita de pequeños pájaros que llegan a la ciudad en busca de semillas y bayas.

Con objeto de que todas las especies presentes en el balcón o terraza pueden pasar cómodamente los meses fríos y encontrarse en plena forma para reverdecer en primavera, habrá que

Podemos construir un invernadero «ocasional» con una vieja mesa invertida (levantada del suelo con unos espesores de madera). Las macetas colocadas en su interior deben cubrirse con un plástico bien tensado por las cuatro patas

Los troncos retorcidos de las glícinas, parecidos a esculturas, muestran todo su esplendor en invierno

habilitar un refugio invernal con un poco de paja y acondicionar las macetas más expuestas a las heladas, o las que contengan las plantas más delicadas.

Un forro de 8-10 cm de corteza de madera desmenuzada (se venden bolsas de 25 o 50 l en las jardinerías o garden center) nos servirá para proteger las raíces de los rigores invernales. Este material natural se deshace con el tiempo, se tranforma en humus, y penetra en la tierra enriqueciéndola; la adición de una pequeña cantidad es útil también en verano, para limitar la evaporación del suelo o proteger las raíces del calor excesivo.

Los forros que sirven para mantener el grado de humedad de la tierra en verano y proteger las raíces de los rigores invernales pueden favorecer también la aparición de hongos dañinos para las plantas, sobre todo si la tierra permanece húmeda.

Para no causar daños a los vegetales, debemos usar exclusivamente un forro compuesto por corteza de pino garantizada.

A las pinturas murales se añaden, en verano, flores variopintas para decorar la fachada de un gran caserón

Un pequeño invernadero desmontable, colocado en el rincón más protegido y soleado de la terraza, sirve para contener las macetas más delicadas que no podrían sobrevivir al aire libre (geranios, *Lantana camara*, etc.).

A menudo olvidamos que las plantas arbóreas evaporan aguan en invierno y que, por tanto, deben regarse regularmente. Debemos tener la precaución de cumplir esta operación en días no muy fríos, cuando el terreno no se encuentre helado y utilizando agua un poco tibia.

En las zonas donde nieva frecuentemente, retiraremos la capa de nieve de las hojas para que no se doblen y rompan las ramas; amontonando la nieve alrededor de los contenedores, protegeremos las plantas del hielo. No debemos olvidar que los contenedores que permanecen al aire libre durante los meses de invierno en las zonas frías deben ser resistentes al hielo para que no se rompan.

En las zonas ventosas hay que reforzar todos los nudos con que hemos fijado ramas, troncos, rejillas y pérgolas.

En los grandes estanques donde viven los peces rojos, debemos mantener un espacio abierto para que el agua pueda oxigenarse, y romper la capa de hielo que pudiera haberse formado. Un fajo de ramas colocado verticalmente en el agua impedirá la formación de hielo alrededor de esta zona, aguantando la presión de este.

El abeto rojo que se vende como árbol de Navidad, adornado y colocado al aire libre ante la ventana, tiene mayores probabilidades de sobrevivir y de permanecer en nuestra terraza, en la zona más fresca y sombreada, a la espera de la próxima Navidad.

El invierno es la época adecuada para hacer planes para la estación primaveral; podemos encargar, consultando los catálogos de venta por correspondencia, las semillas y plantas. Tenemos tiempo para examinar los contenedores, repintarlos o construir otros nuevos de madera, buscar modelos más eficaces y más bellos, así como de programar eventuales cambios o sustituciones. Por otro lado, es interesante consignar en una libreta las variantes, proyectos, descubrimientos, esperanzas e incluso las desilusiones de nuestro pequeño o gran espacio verde. Esta libreta será puesta al día constantemente, de manera que podamos comparar los datos con el transcurso de las estaciones, en los momentos de descanso, con los de años anteriores.

Para proteger las bayas rojas de algunas ramas de Pyracanta *de la gula de los pájaros, podemos envolver con una bolsa de plástico transparente la parte deseada. Las bayas se mantendrán turgentes y listas para la decoración navideña*

Indice

Impreso en España por
INDUSTRIAS GRÁFICAS
FERRÉ OLSINA, S. A.
C/. Viladomat, 156-160
08015 Barcelona